東日本大震災がもたらしたこと

Effects Brought by the Great East Japan Earthquake

三舩康道
Yasumichi MIFUNE

近代消防社

表表紙 写真　「万里の長城」からの祈り（宮古市田老 2011.4）
Praying from embankment known as “The Great Wall of China”（Taro, Miyako City 2011.4）

裏表紙 写真

①キャッセン大船渡鏡開き（大船渡市 2017.4）（キャッセン大船渡提供）
Opening Traditional Ceremony（Kagami-biraki）of the Kyassen Oofunato（Oofunato City 2017.4）（Photography by Kyassen Oofunato）

②東日本大震災・原子力災害伝承館（福島県双葉町 2021.4）
The Great East Japan Earthquake and Nuclear Disaster Memorial Museum（Futabamachi 2021.4）

③南三陸 311 メモリアル（宮城県南三陸町 2023.8）
Minamisanriku 311 Memorial（Minamisanrikucho 2023.8）

④南三陸さんさん商店街グランドオープン（宮城県南三陸町 2017.3）（南三陸町さんさん商店街提供）
Grand opening ceremony of the Minamisanriku San San Shopping Village（Minamisanrikucho 2017.3）（Photography by Minamisanriku San San Shopping Village）

⑤いしのまき元気市いちば（石巻市 2022.5）
Ishinomaki Genki Ichiba（Ishinomaki City 2022.5）

⑥大船渡高校の太鼓（大船渡市 2014.6 越喜来芸術祭）
Oofunato High School Taiko（Oofunato City 2014.6 Okirai Art Festival）

⑦大船渡市甫嶺 BMX（大船渡市 2019.3）
Horei, Oofunato City BMX（Oofunato City 2019.3）

⑧さくらモールとみおか（福島県富岡町 2017.8）
Sakura Mall Tomioka（Tomiokamachi 2017.8）

⑨サンオーレそではま海水浴場（宮城県南三陸町 2018.7）
Sun-ole Sodehama beach（Minamisanrikucho 2018.7）

⑩高田松原津波復興祈念公園「海を臨む場」（陸前高田市 2021.4）
“The Place Overlooking the Sea” of Takatamatsubara Memorial Park for TSUNAMI Disaster（Rikuzenntakata City 2021.4）

⑪石巻南浜津波復興祈念公園「祈りの場」（2021.4）
“The Place of Player” of Ishinomaki Minamihama Tsunami Memorial Park（Ishinomaki City 2021.4）

⑫大船渡津波祈念館ブロック碑の完成（大船渡市 2013.7）
Commemorative Photography: Completion of the Block Monument（Oofunato City 2013.7）

目　次

CONTENTS

プロローグ

2011年3月11日（金）、午後2時半過ぎ、東京都庁での打ち合わせを終え、1階のカフェで休んでいるときに東日本大震災に遭いました。その日は交通混雑の中、夜の10時過ぎに会社に戻り、本棚から落下した本の状況などを見て帰宅し、そして家でニュースを見て三陸地方の惨状を知りました。

岩手県盛岡市の出身で、沿岸部には高校の同窓生も多く、都庁の打合せで一緒だった善光寺の若麻績敬史氏と2人で相談し、1週間後に、大船渡市、陸前高田市、気仙沼市へと最初の視察に行くことにしました。

震災から12年経過し、今回このような本を出版するに当たり、東日本大震災がもたらした社会への呼びかけになどについて考えてみたいと思います

1．東日本大震災からの呼びかけ

2020年3月に近代消防社から**「日本列島震度７の時代到来」**を出版していただきました。

震度７は、昭和24年（1949年）に前年の福井地震を契機に新たに設けられました。しかしその後、震度７は昭和には発生せず、平成に入ってから６回発生しました。そのようなこともあって、地球温暖化に加え巨大災害が多くなっている時代の中で、社会は自然災害から何を呼びかけられているかという視点で考えてみた本です。

自然災害に対しては、過去からの宗教的意味付けもある地域もありますが、21世紀の現代では科学的な分析が優先されます。本の中では以下のように整理しました。

Prologue

On March 11, 2011, after the meeting at the Tokyo Metropolitan Government Building in the early afternoon, I was taking a break at the cafe on the first floor when the Great East Japan Earthquake occurred. Amid the transportation chaos, I returned to the office after 10 PM, examined the condition of books that had fallen from shelves, and then headed home. Upon watching the news at home, I learned about the devastating situation in the Sanriku region.

Born in Morioka City, Iwate Prefecture, I have many high school classmates from the coastal areas. Together with Keishi Wakaomi, who was at the Tokyo Metropolitan Government with me and is associated with Zenkoji Temple, we decided to visit the first sites of disaster about a week later: Oofunato City, Rikuzentakata City, and Kesennuma City.

Now, twelve years have passed since the disaster. As I publish this book, I would like to reflect on the implications for society brought about by the Great East Japan Earthquake and consider the messages it conveys.

1. Message from the Great East Japan Earthquake

In March 2020, I published 'The Era of Japan's Shindo (Japanese seismic scale) 7 Earthquakes' through Kindai Shobo. The seismic intensity scale of 7 was introduced following the 1949 Fukui earthquake. However, after its introduction, no Shindo 7 earthquake occurred during the Showa era; it was only in the Heisei era that it occurred six times. In light of this, alongside the issue of global warming, this book examines the calls society is receiving from natural disasters in an age marked by an increase in catastrophic events.

While certain regions attach religious significance to natural disasters from historical perspectives, the 21st century prioritizes scientific analysis. Within the pages of this book, I have organized the content as follows:

① 今のままでは足りないものがある。
② 未来から見て必要なことを組み込んでいく必要がある。
③ 一人一人の自己中心的は思いでは対処できない。
④ 大切なのは人間の絆であり絆を基本として社会を見直す。
⑤ 生かされている大自然やそれを支えている存在への畏敬と憧れ、そして感謝を抱くこと。

東日本大震災がもたらしたものは何だったのかと考える時に、以上のことを改めて確認したいと思います。

特にモーメントマグニチュードが9.0という想定外の地震だったことは、地震や津波対策技術が進んだ日本では、技術で対応できるという思い込みが打ち砕かれた出来事であったと思います。

思い込みをさらに上回る大震災に襲われ、自然の持つ圧倒的な力に対して畏敬の念を感じ、そのような環境の中で生かされ生きていることを実感したと思います。いわば、大自然の営みの中で生かされ、それを支えている存在に対する畏敬の念が、そして感謝が芽生えたのではないかと思います。

この本は写真集なので物を中心に取り上げているため、以上の５項目の中で特に⑤については割愛されたものがあることを最初に確認しておきたいと思います。

以上を前提に、これまでの12年間で出版してきたものを振り返り「東日本大震災がもたらしたこと」について考えたいと思います。

2.「東日本大震災からの復興覚書」（万来舎）

震災発生後、道路事情が復旧しない中、何回か東京から視察に行き、４月中には三陸沿岸を北は宮古市から田老まで、そして南は南三陸町から松島、仙台まで視察しました。

① There are things that are insufficient as they are now.
② It is necessary to incorporate what is needed from the perspective of the future.
③ Dealing with each individual's self-centered thoughts alone is not enough.
④ What is crucial is the human bond; to reevaluate society based on these connections.
⑤ Holding awe, admiration, and gratitude for the grand nature that sustains us and the entities supporting it.

When considering what the Great East Japan Earthquake brought forth, I would like to revisit the points you've mentioned.

Particularly, the unexpected magnitude 9.0 earthquake shattered the misconception that Japan's advanced earthquake and tsunami response technologies could handle any situation.

Struck by a disaster exceeding even these assumptions, we felt a sense of awe towards the overwhelming power of nature. In such an environment, we came to realize our existence is sustained by and within the workings of nature. It's as if this experience nurtured a reverence and gratitude towards the entities supporting and governing the natural world.

While this book predominantly focuses on physical objects as it is a photo collection, it's important to acknowledge that there are aspects, especially in point 5, that might have been omitted. Bearing these considerations in mind, I would like to reflect on what has been published over the past 12 years and contemplate "What the Great East Japan Earthquake Brought Forth."

2.「Reconstruction Memoir from the Great East Japan Earthquake」(Published by Banrai-sha)

After the earthquake struck and road conditions remained disrupted, I made several inspection trips from Tokyo. By mid-April, I had conducted inspections along the Sanriku coastline, from Miyako City in the north to Taro, and from Minamisanrikucho to Matsushima and Sendai in the south.

これらの視察については、月刊近代消防に連載し、また当時関係があった、東愛知新聞にも連載していただきました。

早いうちに各地を視察していることが噂となり、恩師の伊藤滋東京大学名誉教授から声がかかり、共著で**「東日本大震災からの復興覚書」**を８月に万来舎から出版されることになり、その中で、被害状況の報告と、復興に関する提言をさせていただきました。

そして、復興状況についても時々視察を行い、派遣専門家として大船渡市の越喜来地区の復興にも関わるようになりました。

３.「東日本大震災を教訓とした新たな共助社会の創造」(近代消防社)

震災後、被災者へのヒアリングが多くの機関で実施され、出版されました。その頃は、出来るだけ広く被災地を視察しようと思っており、ヒアリングの余裕もなく出来ずにおりました。

しかし、震災直後の状況が一段落してから、被災者はどのように感じているのだろうかと気にしておりました。それは、被災地で時々共助がなかったという声を聞いたからでした。そして、震災直後には話せなかったことでも、一定期間後には話せるのではないかと思い、３年後のヒアリングを実施することにしました。

ヒアリングは、共助をテーマに実施しました。それまでのヒアリングは個別ヒアリングでしたが、それに加えて数人でのグループヒアリングを実施しました。

３年後は、震災直後の混乱期を過ぎ、被災者は応急仮設住宅に入居し落ち着き、既に各自治体は復興に向けて動いている中で、早い方々は住宅を再建し、応急仮設住宅から出る方々もいる頃です。そのため、その時期の悩みも話していただきました。

グループヒアリングでは忌憚のない意見が出て、響き合い共感の場となり、参加者からは、今まで心の内を皆さんと話したことはなかった、

I chronicled these inspections in the monthly magazine "Monthly Kindai Shobo" and also serialized them in the "Higashi-Aichi Shinbun," with which I had connections at that time.

Word spread quickly that I was conducting inspections in various regions. It was during this time that I was approached by my mentor Shigeru Ito, Professor Emeritus of the University of Tokyo. We collaborated on the co-authored book "Reconstruction Memoir from the Great East Japan Earthquake," which was published by Banrai-sha in August. In this book, I reported on the extent of the damages and offered suggestions for the reconstruction efforts.

Subsequently, I continued to make occasional inspection trips to monitor the progress of the reconstruction. I also became involved as a dispatched specialist in the recovery of the Okirai District in Oofunato City.

3. "Learning from the Great East Japan Earthquake: Creating a New Society of Mutual Assistance" (Published by Kindai Shobo)

After the earthquake, many institutions conducted interviews with the disaster victims, which were subsequently published. During that time, I aimed to conduct comprehensive inspections of the disaster- stricken areas and was unable to spare time for interviews.

However, after the initial chaotic period following the disaster, I became concerned about how the survivors were feeling. This was partly due to hearing occasional accounts of lack of mutual assistance in the disaster-stricken areas. I believed that some things that couldn't be discussed immediately after the disaster might become discussable after a certain period had passed. With this in mind, I decided to conduct interviews three years later.

The interviews were centered around the theme of mutual assistance. While earlier interviews had been conducted individually, this time I also included group interviews involving several people.

Three years after the disaster, the initial period of turmoil had passed. Many of the disaster victims had settled into temporary housing, and local municipalities were already working towards reconstruction. Some had already rebuilt their

被災直後はとても感想を話せる状況ではなかったが、今回は話すことが出来良い機会になったと言われ、このように共感する体験は二度と持てないのではないのかと思いました。

この本では、近隣での共助が働かなかったことを問題視しました。近隣の方々は支援しようという思いはあるのですが、不安もあります。一度助けるとその後も助け続けなければならないのかという思いとの葛藤です。共助にガイドラインが無かったからです。

災害対策基本法の第86条には、「遅滞なく……」と支援する趣旨が記されていますが、いつまでという期限がありません。被災しなかった方々にも日常生活があり限界があります。そのため、自衛隊が食料や毛布を支援する公助が始まる目安を4日後とし、3日間は地域の共助で頑張り、その後は国の公助に任せましょうと提案しました。そうすると支援する側にも3日間なら頑張ろうと思えます。

ヒアリングの内容は月刊近代消防に連載していたのですが、「**東日本大震災を教訓とした新たな共助社会の創造**」として2018年3月に新書判として出版できました。

4.「東日本大震災（上）」と「東日本大震災（下）」（近代消防社）

月刊近代消防には復興経過も連載しておりましたが、10年間が経過し、2021年3月には**「東日本大震災（上）」**、2022年5月には**「東日本大震災（下）」**の2冊にまとめることが出来ました。

上巻は、副題を**「被災状況と復興計画の検証」**として、被災後から復興計画の策定までの状況を報告しました。そこでの大きな問題は、各自治体が復興計画を策定する際に、復興計画策定が遅れないようにと考えたのでしょうが、隣接自治体と協議しない自治体もあり、津波対策が自治体の境界部分で調整されていないことを報告させていただきました。

homes, and others were in the process of moving out of temporary housing. As a result, participants shared their concerns from that period.

The group interviews allowed for candid opinions, fostering an environment of empathy. Participants expressed that they had never before shared their inner thoughts with others, and while they were unable to openly express their feelings immediately after the disaster, this opportunity to speak was invaluable

In this book, I raised concerns about the lack of effective mutual assistance within neighborhoods. While neighbors have the intention to offer support, there is also a sense of uncertainty. There's an internal struggle between the desire to help once and the fear that helping might create an ongoing commitment. Because there are not guidelines for mutual assistance.

Article 86 of the Disaster Countermeasures Basic Law states the intention to provide support "promptly," but it doesn't specify a timeframe. Those who were unaffected by the disaster have their own daily lives and limitations. Therefore, I proposed a guideline of initiating official assistance, supported by the Self-Defense Forces, with food and blankets, after four days, relying on local mutual assistance for the first three days, and then transitioning to national assistance. This approach empowers the assisting parties to commit to three days of support.

The contents of the interviews were serialized in "Monthly Kindai Shobo," and in March 2018, they were published as a paperback edition under the title "Learning from the Great East Japan Earthquake: Creating a New Society of Mutual Assistance."

4. "Great East Japan Earthquake (Volume 1)" and "Great East Japan Earthqua ke (Volume 2)" (Published by Kindai Shobo)

These books chronicle the reconstruction progress, and the upper volume is subtitled "Examination of Disaster Situation and Reconstruction Plans." It reports on the circumstances from post-disaster to the formulation of reconstruction plans. A significant issue that emerged was that while many local municipalities were keen on expediting their reconstruction plans, some failed to engage in discussions with neighboring municipalities. As a result, there were discrepancies in tsunami

地方分権が基本となり、独自路線が進むようになったのは良いことですが、隣接自治体とのすり合わせの必要なところで協議を欠いたことは、国際的な傾向で問題となっているとは後日聞いたことです。

そして、**下巻**は、**「10年間の復興のあゆみ」**として、復興経過における新たな出来事を取り上げ、5年目以後のそれぞれの地域の復興の歩みについて毎年報告させていただきました。

例えば芸能人による復興支援活動のことです。このような活動は新たな出来事ではありませんでしたが、多くの自治体が芸能人の支援を受け、多岐にわたる活動が行われたために、目についた活動です。それと同様に宗教団体の支援活動も多くあったことです。例えば、お坊さんが被災地を袈裟を着た姿で歩いていると、住民から、ここで家族を亡くしまだ弔いが出来ていないので弔ってほしいと要望され、その場で弔いをする、家族からは、家族を亡くしても弔いもできておらず、気になっていたが弔いが出来たとして喜ばれます。これが、全国的にも有名なお寺となればなおさらです。このような個別の活動も始めてではないと思われますが、よく見かけたので取り上げました。

そして、5年後以降は、伊藤滋氏の岩手県から福島県まで被災地縦断ツアーに参加させていただきました。9年後にはコロナ禍でツアーは中止となりましたが、自治体間の移動制限の解除の状況に、三陸鉄道の復旧の機会をとらえ、単独で福島県のJR常磐線のいわき駅から三陸鉄道の久慈駅まで、鉄道による被災地縦断視察を行いました。この経験は、それまでの車での視察と違った面を見ることになりました。

そして、10年後の視察では、上巻の復興計画の検証で取り上げた隣接自治体間の不整合の状況が、実施計画を経て工事の段階では修正され整合がとれている状況を見届け、行政及び建設業界の対応力に納得しました。

countermeasures at the borders of these municipalities, which I highlighted.

While regional decentralization had become fundamental, and each municipality pursued its unique path, the lack of coordination and discussions with neighboring municipalities in critical areas was later recognized as an issue in international contexts.

The lower volume, titled "A Decade of Reconstruction Progress," delves into new developments during the reconstruction process, particularly in the five years following the disaster. One example is the involvement of celebrities in supporting reconstruction efforts. While not a new phenomenon, the extensive engagement of celebrities across various municipalities drew attention. Similarly, religious organizations provided substantial support. For instance, when Buddhist monks walked through disaster-stricken areas dressed in robes, they were requested by residents to perform memorial services for those who had passed away but had not yet received proper remembrance. This willingness to extend help, even by individual monks, was not entirely new, but I chose to highlight it due to its prominence during this period.

In the years that followed, I participated in a tour organized by Shigeru Ito, spanning from Iwate Prefecture to Fukushima Prefecture. Unfortunately, the tour was canceled due to the COVID-19 pandemic after nine years, but I managed to seize the opportunity of eased inter-municipal travel restrictions and the restoration of the Sanriku Railway to conduct a railway-based inspection, traveling from Iwaki Station on the JR Joban Line to Kuji Station on the Sanriku Railway. This experience allowed me to see aspects of the disaster-stricken areas that differed from our previous car-based inspections.

During the 10-year follow-up inspection, I observed that the inconsistencies in adjacent municipalities' plans that I had pointed out in the examination of reconstruction plans in the upper volume had been addressed and rectified during the implementation and construction phases. This validation gave me confidence in the responsiveness of the administration and the construction industry.

5.「東日本大震災から10年―心の復興と新たなコミュニティの創造」(近代消防社)

「東日本大震災（上）・（下）」の出版で東日本大震災については最後の本になるかと思っていました。しかし、10年後の状況をまとめている時に、フィジカルプランニングばかりではなく、ソフト面のことを取り上げる必要があることを感じました。

復興住宅や防潮堤などの施設としての形の復興はできているのですが、被災者の心の面ではどうかということをコミュニティへの思いも含めてヒアリングし記録してはどうかと思い、近代消防社の三井社長に相談しました。三井氏もそのような思いがあったようで、3年後と同様に10年後の被災者へのヒアリングを実施することになりました。テーマは**「心の復興と新たなコミュニティの創造」**としました。

10年後にもグループングと個別ヒアリングを実施しました。中でも共同住宅のコミュニティについては、現在の個人情報保護の傾向が反映され、郵便受けには名前を出さない方々が多く、共同住宅の自治会長さんですら、各住戸の世帯主の姓名は知らされますが世帯数は知らされない等のように、どういう方々が入居しているのかわからないという状況にありました。

この状況は何かあったら困るとして、自治会長さんの悩みとなっていることを知り、コミュニティについての課題もまとめ、これも新書判として2023年3月に出版できました。

6.「東日本大震災を超えて!!ーシャッター通りからの復興」(近代消防社)

先述の10年後のヒアリングは、戸建て住宅ばかりではなく復興の共同住宅に入居している方々、そして商業を営んでいる方々にもヒアリングをしておりました。しかし、それをまとめる過程で商業の方々は別にしたほうが良いと思いました。

5. "10 Years after the Great East Japan Earthquake: Emotional Recovery and Creation of New Communities" (Published by Kindai Shobo)

After the publication of "The Great East Japan Earthquake (Part 1)" and "The Great East Japan Earthquake (Part 2)," I thought it might be the last time I delve into the topic of the East Japan Earthquake. However, as I was summarizing the situation ten years later, I felt the need to address not only physical planning but also the softer aspects of the recovery process.

While the reconstruction of physical structures like recovery housing and seawalls had made progress, I wondered about the emotional well-being of the survivors and the state of their communities. With these thoughts in mind, including my sentiments towards the communities, I consulted with President Mitsui of Kindai Shobo. It seemed that President Mitsui also shared similar sentiments, and we decided to conduct follow-up interviews with the survivors, similar to what we did three years earlier. The theme for these interviews was "Emotional Recovery and Creation of New Communities."

Ten years later, i conducted both group and individual interviews. Among these, i paid particular attention to the issue of community living. We observed that the prevailing trend of personal information protection had resulted in many residents refraining from displaying their names on mailboxes. Even the leaders of community associations in cooperative housing complexes were often informed of household heads' names but not the number of households residing in each unit. This lack of transparency created uncertainty about who resided in these communities.

Upon recognizing this concern among the community leaders, I compiled the challenges associated with building a cohesive community. This information was published as a new edition in March 2023, shedding light on the difficulties faced by community leaders and the broader community-building issues.

6. "Beyond the Great East Japan Earthquake!! - Revitalization from Shuttered Streets" (Published by Kindai Shobo)

In the process of compiling the interviews conducted a decade later, I decided that it would be better to separate the accounts of those involved in the commercial

シャッター通りは、我が国の衰退して行く中心市街地の大きな問題でした。そこで、東日本大震災を契機にシャッター通りから脱却し復興しようという試みを行い、それが成功した例がいくつか見られ、それらは別にまとめたほうが良いように思えました。

そのため、そのキーマンとなった方々にその努力の経過をヒアリングし記録した本として、タイトルを**「東日本大震災を超えて!!―シャッター通りからの復興」**として、別に出版をすることにしました。この本は、2023年1月に出版しようと思っていたのですが、編集に時間が掛かり、2023年の5月に出版となりました。

7.「東日本大震災がもたらしたこと」(近代消防社)

「東日本大震災を超えて!!ーシャッター通りからの復興」を、まとめて行く中で、このシャッター通りの復興のように、東日本大震災を契機にもたらされた出来事をまとめておくことも必要ではないかと思うようになり、それも、見て理解できるように写真集的にまとめることはできないかと思うに至りました。

そしてこのことを再度、近代消防社の三井社長に相談しました。

本書は、そのような経過を経てまとめられた本です。ここでは、目次とは異なりますが、主な点を取り上げたいと思います。

①心の復興とコミュニティ

３年後のヒアリングで、避難所では共助が受けられなかった避難所もありました。津波で全て流された被災者に自助は無く、近隣からの共助が必要です。しかし、共助には目安が必要です。被災していない方々もいつまでも助けられるわけではありません。コミュニティの問題として決めて行くことが必要と思います。

また、家族を亡くした被災者には、10年経過しても立ち直れない方々

sector from the individuals residing in reconstructed housing complexes and detached homes.

The phenomenon of "Shuttered Streets" had emerged as a significant issue in the declining downtown areas of our country. In response, efforts were made to revitalize these areas and move beyond the stagnation, particularly in the wake of the Great East Japan Earthquake. Several successful examples of such revitalization were observed, leading me to believe that these instances warranted their own dedicated compilation.

Hence, we embarked on recording the journey of key figures who played a pivotal role in these successful revitalization initiatives originating from the "Shuttered Streets." The intention was to document their persistent efforts and achievements. This culminated in the decision to publish a separate work under the title "Beyond the Great East Japan Earthquake!! - Revitalization from Shuttered Streets." Originally scheduled for publication in January 2023, the editing process took longer than anticipated, and the book was ultimately published in May 2023.

7. "Effects Brought by the Great East Japan Earthquake" (Published by Kindai Shobo)

As I was compiling "Beyond the Great East Japan Earthquake!! - Improvements from Shuttered Streets," I began to consider the necessity of also summarizing the events triggered by the Great East Japan Earthquake, much like the improvements seen on these shuttered streets. I pondered whether it would be possible to present these events in a photo book-like format that would allow for easy understanding.

Upon this realization, I once again consulted with Mr. Mitsui, the President of Modern Fire Protection Co.

This book has been meticulously compiled through such a process. While the contents differ from the table of contents, I would like to highlight some key points here.

① Emotional Recovery and Community

Three years after the disaster, during the interviews, it became apparent that not all evacuation centers were able to provide mutual assistance. For those

が多いようです。そして、復興住宅の共同住宅に住まわれている方々には、いつまでも被災者という思いから抜けられないようです。このような心の復興は今後の課題と思います。

②土地利用（浸水区域は居住禁止、高台移転、嵩上げ）

最も大きなことは、津波浸水区域には住まないということです。かつての津波被害では塚を建てて、その下には住まないようにしたことはありましたが、「津波は忘れたころにやってくる」という言葉があるように、いつしか津波は忘れられ、あるいは、大きい防潮堤を造ったから大丈夫という安全神話により海辺に住むようになり再び被害を受ける。

このような繰り返しを避けるために、海の近くの低地部分は居住禁止区域になりました。そのため居住地は高台移転あるいは嵩上げをすることになりました。また、駅を中心に住宅地が形成されていた土地は、駅舎と共に住宅地も高台移転したところもあります。そして、教育施設や公共施設も高台移転をしました。

③復興の年限：戻らない住民

国から費用が出るとのことで、より安全な土地にしようと大規模な嵩上げを繰り返し実施したため、10 年近くという年月がかかり避難した方々が戻れなくなる事態も発生しました。「復興までの年限」の議論が必要という話題にもなりました。

④匿名の復興住宅（共同住宅）

復興住宅では共同住宅の匿名化が問題になっています。個人情報保護により、郵便受けには名前を出さない方々が多く、団地の自治会長さんにも居住者の家族の情報が与えられません。そのため隣が何人家族かもわからず、死亡広告も出されないため、誰が亡くなったのかもわからない状況もあります。

who had lost everything in the tsunami, self-help was not an option; they relied on assistance from their neighbors. However, setting guidelines for mutual assistance is crucial. It is important to recognize that even those who were not directly affected cannot provide help indefinitely. Addressing these issues at the community level is essential.

Furthermore, it seems that many individuals who lost family members in the disaster still struggle to recover even after a decade has passed. Additionally, those residing in communal housing for the purpose of reconstruction continue to be haunted by the identity of being disaster victims. These are challenges that we must address moving forward.

② Land Use Planning (Prohibition of Residential Use in Flood-Prone Areas, Move to Higher Ground, Land Elevation)

The most significant measure is not to reside in tsunami inundation areas. In the past, there were instances of building mounds to elevate structures above potential tsunami levels, yet the saying "tsunamis come when least expected" holds true. Over time, the memory of tsunamis can fade, or the false sense of security from the presence of Embankment can lead to coastal habitation, resulting in repeated disasters.

To break this cycle, low-lying coastal regions have been designated as restricted residential zones. As a result, residential areas have either been moved to higher ground or raised in elevation. Moreover, in some cases, residential areas around train stations have been moved to higher ground along with the stations. Additionally, educational and public facilities have also moved to higher ground.

③ Reconstruction Timeline: Unreturning Residents

Reconstruction took nearly a decade due to extensive and repeated large-scale land elevation efforts driven by government funding, leading to a situation where evacuees were unable to return to their original locations. This gave rise to discussions about the "timeline for recovery," highlighting the need for deliberations on this matter.

孤独死の問題は、個人情報保護により形を変えています。コミュニティより個人情報保護が優先される状況で、団地の自治会長さんは対応に困っています。このような実態については拙著**「東日本大震災から10年─心の復興と新たなコミュニティの創造」**（近代消防社）を参考にしていただければと思います。

⑤戸建ての応急仮設住宅と払い下げ

これまでの応急仮設住宅は、10戸が長屋のように連続するタイプでした。以前、新潟県中越沖地震ではパネル形式の木造の応急仮設住宅が喜ばれ、本設の住宅に転用されたこともありました。

東日本大震災では、民間の応急仮設住宅も多く採用され、居住性の良い戸建ての木造の応急仮設住宅が実現し、希望者には損傷の程度により１～３万円で払い下げられ、本設の住宅に転用され、喜ばれました。高齢者が残された場合、余生を過ごすためには小さな家で十分です。本設に転用できる戸建ての応急仮設住宅は今後の検討課題です。

なお、最近の災害では、入居者が退去後に撤去しやすいように、10戸の長屋形式は無くなり、３～４戸の長屋形式が増えています。

⑥シャッター通りの改善

商店街も大きな被害を受けました。中心市街地がシャッター通りとなり衰退している問題は、なかなか解決策の無い長年にわたる悩みの種でした。今回の東日本大震災により多くのシャッター通りも被災しました。壊滅的な被害を受けた中心市街地では多くの事業主が権利を放棄し、そのため、自治体が権利を購入する状況になった地区もありました。

そのような地区では、シャッター通りを復旧させないことを復興の目的として、新たな商店街を形成しました。

④ Anonymous Reconstruction Housing (Communal Housing)

In the context of reconstruction housing, the anonymization of communal housing has become a significant concern. Due to the protection of personal information, many residents opt not to display their names on their mailboxes, and even the leaders of housing complexes' resident associations are not provided with information about the families residing there. As a result, neighbors often remain unaware of the number of individuals in each household, and there is a lack of death announcements, making it difficult to ascertain who has passed away.

The issue of solitary deaths has taken on a different form due to the emphasis on personal information protection. In a situation where individual privacy is prioritized over community, resident association leaders in housing complexes find themselves grappling with the challenges posed by this situation. For further insight into this reality, I recommend referring to my book, "10 Years After the Great East Japan Earthquake: Emotional Recovery and the Creation of New Communities" (Published by Kindai Shobo).

⑤ Detached Temporary Housing and Property Transfers

Temporary housing units used thus far have often been designed in a row-house configuration, where multiple units (typically around 10) are connected in a linear arrangement. In the past, following events such as the Niigata-Chuetsuoki Earthquake, panel-style wooden temporary housing units were well-received and even repurposed for permanent use.

In the aftermath of the Great East Japan Earthquake, a variety of temporary housing solutions were adopted, including private sector options. These efforts led to the realization of more livable, detached wooden temporary housing units. Residents who wished to transition to these units were able to do so at a cost ranging from 10,000 to 30,000 yen, depending on the extent of damage. This transition was met with appreciation as it allowed individuals to later convert these units into permanent residences, especially for elderly residents who may require smaller accommodations for their remaining years. The consideration of detached temporary housing units remains an ongoing topic for future exploration.

⑦防災施設の充実

防災施設については、次の２つが大きいことと思います。

（１）２段階の津波防御対策

海の近くは防潮堤（レベル１）で防災、そして内部には二線堤（レベル２）で減災というように、津波に対して二段階の防御対策が行われました。

（２）防災拠点の整備

津波復興拠点整備事業もあり、防災に関連する施設が多くの自治体に設置されました。日常的には交流施設として使われ、防災が日常生活に根付くよう、防災交流センターなどの防災施設が整備されました。

⑧原子力関連施設

原子力に関連する展示施設ができたのも、今回の東日本大震災が契機になったからと思います。東京電力の廃炉資料館、国の伝承館が出来ました。

⑨震災遺構と伝承施設

震災遺構が多く残されたのも今回の大震災の特徴です。津波の被害状況を伝えるものとして陸に上がった船や建物の上に上がった船なども残す候補に挙がりました。しかし、そのようなものは、住民の意向で解体撤去されたものが多いです。

残された遺構には海の近くの小学校が多いです。それらは公開され災害の状況を伝えるものとして役立っています。

そして、伝承施設も各地にできました。震災遺構と兼ねるものもあります。

It is worth noting that recent disaster responses have seen a shift away from the row-house configuration of 10 units, opting instead for configurations with 3 to 4 units per row. This change is aimed at facilitating easier removal of units once occupants have vacated the premises.

⑥ Improvement of "Shuttered Streets"

Commercial districts also suffered significant damage. The issue of downtown areas becoming "shuttered streets" and experiencing decline has been a longstanding and challenging concern with no easy solutions. The Great East Japan Earthquake and Tsunami further affected many of these shuttered streets. In the downtown areas that faced devastating damage, numerous business owners relinquished their rights, leading some municipalities to acquire these rights.

In such districts, as a part of the reconstruction effort, a decision was made not to restore the shuttered streets. Instead, the formation of new commercial districts was undertaken with the purpose of revitalization.

⑦ Enhancing Disaster Prevention Facilities

Regarding disaster prevention facilities, two significant aspects stand out:

(1) Two-Stage Tsunami Defense Measures

Two-stage tsunami defense measures were implemented: coastal areas were protected by embankments (Level 1) to mitigate the impact of disasters, while inland regions were equipped with two-line embankments (Level 2) to further reduce the risks posed by tsunamis.

(2) Establishment of Disaster Preparedness Centers

There were various disaster-related facilities were set up in many municipalities. These facilities were used for everyday interactions and to integrate disaster preparedness into daily life. Disaster exchange centers and similar facilities were developed to promote disaster awareness and preparedness.

⑧ Nuclear-related facilities

The establishment of nuclear-related exhibition facilities can also be attributed

⑩追悼・祈念施設

多くの自治体で10周年を目標に追悼・祈念施設が建設されました。施設には、各自治体レベルの施設と国営施設があります。国営施設は岩手県、宮城県、福島県の3か所のみです。福島県の国営の施設は原子力発電所事故の影響で遅れ、令和7年度末に完成の予定とのことです。

各自治体レベルの施設の多くは視察できませんでしたが、いくつかの施設を紹介しています。

謝　辞

原子力発電所事故およびその影響を受けた地区については、まだ復興が終わっていません。そのような思いもありますが、津波災害の一区切りとして、現在までのことをまとめたものです。東日本大震災で亡くなられた方々に哀悼の意を表し、また本書の出版に協力してくれた方々、そして編集に協力してくれたジェネスプランニング株式会社の蓑田ひろ子氏、三船國生氏及び株式会社近代消防社の三井栄志社長には感謝を申し上げます。

2023年11月

三船　康道

to the impact of the Great East Japan Earthquake. Facilities such as TEPCO's Decommissioning Archive Center and the National Heritage Museum were created in response to this event.

⑨ Disaster Ruins and Memorial Facilities

The presence of disaster ruins is a characteristic of this recent major earthquake. Various candidates were considered to be preserved as ruins of the tsunami's impact, such as ships that came ashore and buildings carried by the waves. However, many of these structures have been dismantled and removed based on the preferences of the residents. Among the ruins, there are numerous coastal elementary schools. These structures are open to the public and serve as informative ruins of the disaster's extent.

In addition, memorial facilities have been established in various locations. Some of these facilities also serve as sites that combine remembrance of the disaster ruins.

⑩ Memorial and Commemorative Facilities

Many local governments have constructed memorial and commemorative facilities with the goal of reaching the 10-year anniversary. These facilities include those at the municipal level as well as nationally managed sites. At the national level, there are only three locations: one in Iwate Prefecture, one in Miyagi Prefecture, and another in Fukushima Prefecture. The national facility in Fukushima Prefecture is expected to be completed by the end of the fiscal year 2025. While it was not possible to visit many of the facilities at the municipal level, several of them are introduced in this context.

November 2023

Yasumichi MIFUNE

1.

心の復興とコミュニティ

Emotional Recovery and Community

ここでは東日本大震災の被災者の「心の復興とコミュニティ」について取り上げます。

最初に共助について取り上げます。コミュニティが良ければ共助は働きます。しかし、3年後のヒアリングの時、避難所ではなかなか共助が働かなかったと聞きました。その問題に取り組み、共助の目安を提案しました。そして、既存コミュニティでまとまりやすいように、避難所は大規模型から小規模分散型を提案しました。

一方で、10年後のヒアリングの時、個人情報保護の傾向から、復興共同住宅では匿名化が進んでいました。そのため、自治会長さんは苦労しており、孤独死の意味も変わりそうです。

しかし、復興過程でコミュニティを守ろうとしてきた地区もありました。そして、平屋建てで喜ばれている共同住宅もありました。心の復興では、家族を亡くされた方々は10年経過してもなかなか立ち直れない状況があり、共同住宅では被災者意識が抜けないという声もありました。

Here, we will discuss the "Emotional Recovery and Community" of the survivors of the Great East Japan Earthquake. First, let's address mutual assistance. Mutual assistance functions well when the community is strong. However, during a hearing three years later, it was reported that mutual assistance did not work well in evacuation centers. We tackled this issue and proposed guidelines for mutual assistance. To facilitate cohesion within existing communities, we suggested transitioning from large-scale centralized shelters to small-scale decentralized ones.

During a hearing ten years later, due to the trend of personal information protection, anonymity has become prevalent in reconstruction communal housing. As a result, community leaders have faced challenges, and the significance of solitary deaths seems likely to change.

However, certain districts have worked to preserve the community throughout the recovery process. Additionally, there were communal housing developments, such as single-story buildings, that were well-received. In terms of emotional recovery, individuals who lost their families continue to struggle even after ten years, and some voiced concerns that the sense of being disaster victims persists within communal housing.

（1）共助の目安（各地）

Guidelines for Mutual Assistance (Each Region)

震災後、東日本大震災では共助が機能しない地区もありました。それは、共助をする側にもいつまで助ければ良いのかという思いとの葛藤があるからです。

災害対策基本法第 86 条には、「遅滞なく……」とありますが、いつまでという期限がありません。被災しなかった方々にも日常生活があり限界があります。そのため、拙著（「東日本大震災を教訓とした一新たな共助社会の創造」）では、自衛隊が食料や毛布を支援する公助が始まる目安を４日後とし、３日間は地区の共助で頑張り、その後は国の公助にゆだねるという趣旨の提案をしました。支援する側も３日間なら頑張ろうと思えます(Eng.:P.82)。

宮古市の避難所 2011.4
Evacuation Shelter in Miyako City

宮古市でのヒアリング①②　2014.3
Hearing Situation in Miyako City

気仙沼市でのヒアリング①②　2014.4
Hearing Situation in Kesennuma City

表１　自助、共助、公助の時系列的展開（「東日本大震災を教訓とした新たな共助社会の創造」より）
この表では、地域コミュニティにおける共助を「近助」とし、遠方からの支援物資やボランティアによる共助を「遠助」と表現した。

表1－1　震災

震災前		１～３日	４日～応急仮設住宅入居前	応急仮設住宅入居後（１～６か月以後）
自助：備蓄		備蓄による生活	—	—
共助：－		近助（食糧、物資）避難所間共助	近助（労働奉仕）	近助（時々）
			遠助（救援物資、ボランティア）	遠助（ボランティア）
公助	場所	避難所	避難所	応急仮設住宅
	備蓄等食糧	備蓄による生活	自衛隊（炊き出し，毛布，入浴）	

表1－２　大震災

大震災前		１～３日	４日～応急仮設住宅入居前	応急仮設住宅入居後（１～６か月以後）
自助：備蓄		—	—	—
共助：－		近助（食糧、物資）避難所間共助	近助（労働奉仕）	近助（時々）
			遠助（救援物資、ボランティア）	遠助（ボランティア）
公助	場所	避難所	避難所	応急仮設住宅
	備蓄等食糧	—	自衛隊（炊き出し，毛布，入浴）	

（2）避難所は大規模型から小規模分散型へ（各地）

Transition from Large-Scale Evacuation Centers to Small-Scale Dispersed Shelters (Each Region)

避難所といえば、前頁の上の写真のような学校の体育館や、市や県の体育館というのが一般的でした。しかし、大規模避難所の運営や避難生活、特にプライバシーを見直す中で、避難所は小規模のものが良いと思います。

数百人から千人単位の避難所よりも、町内会で使うコミュニティセンターや公民館レベルの施設が厨房設備も備わっており、お互いに使い知っている方が多く良いと思います。拙著「東日本大震災を教訓とした－新たな共助社会の創造」では、公民館単位で考えられている大船渡市の例を取り上げました。

西舘地区では、西舘公民館は流出したので、碁石地区コミュニティセンターに、泊里地区の人や行くあてのない観光客などを含めて約120名避難したそうです。

３日目には、これを３か所に分散したとのことです。それぞれ西舘地区は碁石地区コニュニティセンター、泊里地区の人は碁石公民館、そして観光客は三十刈公民館に分散し、長い避難所生活が始まったということです。

そして、碁石地区の５地区の公民館長のミーティングも定期的に行ったそうです。つまり情報を共有化し、避難所間共助も行われたそうです。

避難所は大規模型から小規模分散型へ転換が求められます (Eng.:P.82)。

５地区の館長ミーティング *1）
Meeting of 5 Facility Director

朝食 *1）
Breakfast

碁石コミュニティセンター *1）
Goishi Community Center

碁石公民館 *1）
Goishi Community Center

三十刈公民館 *1）
Misogari Community Center

（3）匿名化する復興共同住宅（各地）

Anonymous Reconstruction Communal Housing (Each Region)

復興共同住宅におけるコミュニティは、個人情報保護という壁の前に形成されていません。それは郵便受けに名前を出す人が少ないからです。

しかし、自治会長や役員は、こういう事態を問題視しています。孤独死も形を変えて発生しており、心配しています。

復興住宅から一般の住宅になって、若い方々も入ってきますが、戸建ての家を建てるまでの間の入居で、積極的に人間関係を築こうとはしません。

音の問題も大きいです。復興住宅は民間と違って、建築の仕様のレベルが低く、音が上下階や左右の住戸に響くため、退去せざるを得なくなった方もいるそうです。迷惑にならないように生きることが強いられ、ストレスにもなっているという声もありました。課題は多いです。

また、コロナ禍で仕事が無くなり、徐々に値上がりする賃貸料が払えず、退去せざるを得なかった人もいたそうです(Eng.:P.83)。

門脇西復興住宅（石巻市）2021.12
Kadowakinishi (Ishinomaki City)
Withhold the name in the mailbox

県営嬉石第二アパート（釜石市）2022.9
Ureishidaini apartment (Kamaishi City)
Withhold the name in the mailbox

のぞみ野地区（石巻市）2021.11
Nozomino (Ishinomaki City)
Withhold the name in the mailbox

（4）コミュニティの形成にラジオ体操（陸前高田市）

Radio Calisthenics for Community Formation (Rikuzentakata City)

陸前高田市には、平成28年（2016年）に岩手県が高台に建設した共同住宅の復興住宅があります。301世帯を収容でき、岩手県では最大級の復興住宅です。

会長は選挙で決まりますが、入居者全員の名簿を預かっているわけではありません。個人情報保護のため、各世帯の人数などはわかりません。

入居者の郵便ポストを見ると、名前を出している人は少ないです。朝のラジオ体操後に、お茶をする時が、お話をするチャンスだそうです。

入居者は徐々に高齢化します。一人でゴミを捨てることができない方も出てきて「ゴミ屋敷」になります。そのため、「共助がないとやっていけないのよ！」といずれ来る限界を見て自治会長は訴えています。

10年後の入居率は約75%なそうです(Eng.:P.83)。

栃が沢アパート外観 2018.7
Tochigasawa Apartment

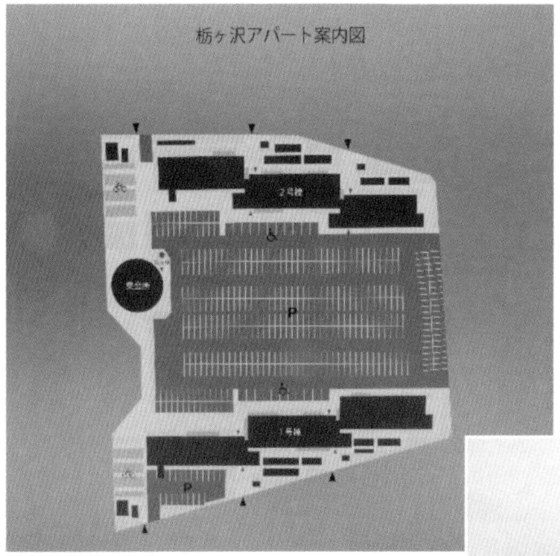

配置図
Site plan

集会棟 2017.7
Meeting place

郵便受けに名前なし 2021.11
Withhold the name in the mailbox

ラジオ体操 2018.7
Radio Calisthenics

（5）コミュニティの維持、復興の本来的姿（大船渡市）

Sustaining Communities and the True Nature of Reconstruction (Oofunato City)

大船渡市では、避難所には地区の公民館が割り当てられていました。そのため、体育館の大規模避難所にあるような避難所生活ではなく、日常的なコミュニティのまとまりの中で避難所生活が送られました、

西舘地区では、被災後からリーダーを中心にまとまり、コミュニティを維持しようと努力し、応急仮設住宅は避難所の近くに、そして復興住宅については、住民で近くの高台移転先を探し交渉しました。さらに、共同住宅ではなく戸建て住宅を認めていただきました。

地区内で対応したこれらの復興の経過は、震災時の復興の本来的姿といえます。コミュニティが分散されず維持されるように努力した結果です。

(2)（p.19）でも述べましたが、コミュニティを考える上では避難所は大規模型から小規模分散型にすることが求められます（Eng.:P.83）。

高台移転後 2021.12
After move to Higher Ground

ヒアリングの状況 2021.12
Hearing Situation

応急仮設住宅 2014.3
Temporary Housing

復興公営住宅 2021.12
Reconstruction Public Housing

（6）知り合いが増えて良かった（相馬市）

It Was Good to make More Acquaintances! (Soma City)

復興共同住宅におけるコミュニティは、個人情報保護の前に否定的です。その中でも「ここにきて良かった」と皆が話す共同住宅があります。

ここで紹介するのは、相馬市の細田東団地、相馬井戸端長屋です。長屋というネーミングですが、建築基準法的には共同住宅です。

平屋で、12戸というのが良いです。廊下も広く、洗濯機は共用で待ち時間に話せるようになっています。昼食は皆さんで一緒にする方式で、その時にいないと何かがあったとなります。それで亡くなった人がわかったこともあったそうです。そのため、ここでは孤独死はありません。

郵便受けには、全員が名前を出しています（Eng.:P.83）。

平屋建ての外観 2022.1

Souma-idobatanagaya

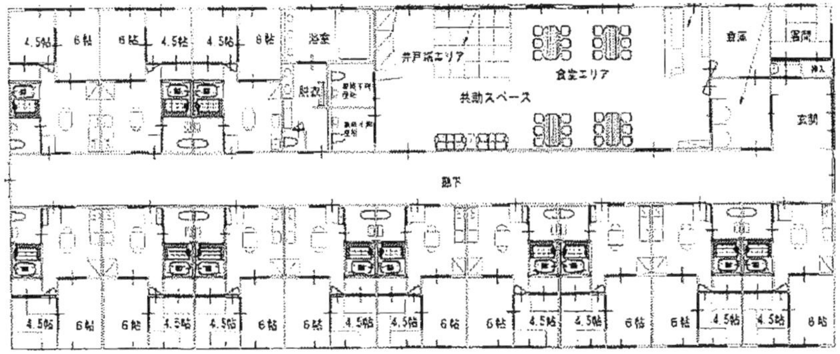

標準平面図

Standard Plan

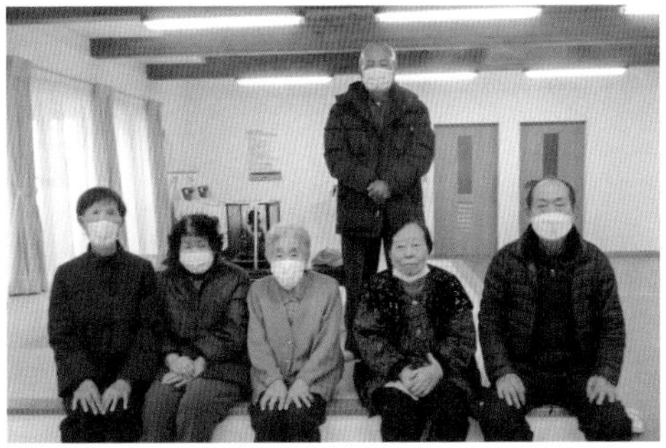

入居者 2022.1

Residents

広い共用スペース 2022.1

Common area

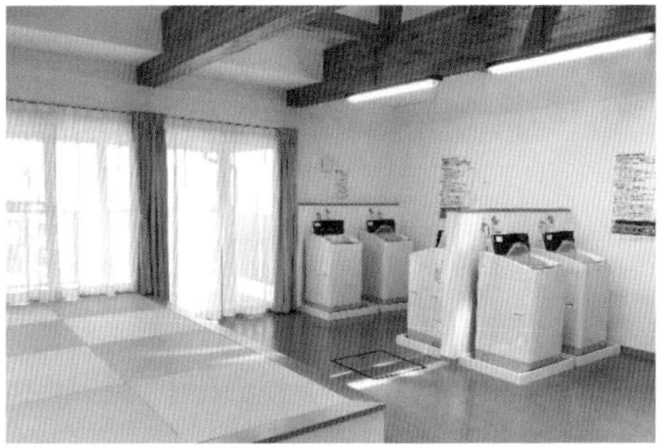

洗濯しながら語らいができる 2022.1

Laundry area

名前の出ている郵便受け 2022.1

The name in the mailbox

（7）心の復興（各地）

Emotional Recovery (Each Region)

10年目のヒアリングで、「心の復興」について聞いてみました。どこでも聞かれたのが、震災で家族を失った方々は落ち込んで、心の復興はされておらず、周囲の方々はその方々を気にして、話題にもできないということです。心の復興には時間がかかるということです。

一方で、共同住宅にいると、「いつまでも被災者」という被災者意識が抜けないとも言われました。それまで独立住宅に住んで来た方々が、共同住宅に入らざるを得なくなった事態がそのような思いにさせていると思います。その地方に相応しい復興住宅が課題と思います(Eng.:P.84)。

ヒアリングの状況と復興住宅（陸前高田市）2021.11
Hearing Situation and Apartment (Rikuzentakata City)

ヒアリングの状況と復興住宅（石巻市）2021.12
Hearing Situation and Apartment (Ishinomaki City)

ヒアリングの状況と復興住宅 2021.11
Hearing Situation and Apartment (Rikuzentakata City)

2. 土地利用等（住居系）

Land Use and Related Matters (Housing-related Matters)

ここでは土地利用について取り上げますが、主に住宅関係のことを取り上げます。
これまでも大津波の時は、ここまで津波が来たしるしとしての塚を設置し、それより下には住まないようにしてきました。しかし、それも、長い年月のうちに忘れられてきました。万里の長城と呼ばれた巨大な防潮堤をつくり安全神話も出来ましたが、今回はそれも破壊されました。

土地利用の大きな改善点は、低地の津波浸水区域には住居の建設が禁止されたことです。そして高台移転や嵩上げ、そして内陸部に新たな団地をつくることなどが実行されたことです。

一方で大掛かりな嵩上げに長期間費やし、避難した住民が戻れなくなった事態も発生しました。また、福島では10年経過しても帰宅困難区域となりフェンスで囲まれている地域があること、そして戸建ての応急仮設住宅など、住宅に関連することを取り上げています。

Here, we will discuss land utilization, primarily focusing on housing-related matters.

Even in the past, during times of major tsunamis, stone mounds were constructed as indicators of the tsunami's reach, and efforts were made to avoid building residences below those markers.

However, over the course of many years, even these precautions have been forgotten. The construction of a massive embankment, often referred to as the "Great Wall of Tsunami," created a sense of safety, but it too was destroyed during this event.

A significant aspect of land utilization was the prohibition of residential construction in low-lying tsunami inundation areas. Measures such as relocating to higher ground, elevating structures, and establishing new housing developments further inland were implemented.

However, there were instances where extensive elevation efforts took a prolonged period, leading to a situation where evacuated residents could not return. Additionally, even after ten years, there are areas in Fukushima designated as "difficult-to-return zones," enclosed by fences, and temporary housing units, highlighting various housing-related issues, including detached dwellings.

（1）安全神話崩壊から安住の地へ（宮古市）

From the Collapse of the Safety Myth to a Place of Settlement (Miyako City)

明治三陸津波を経て、田老では津波からの被害を防ぐために３期にわたる工事で「万里の長城」と呼ばれる二重のＸ字型の防潮堤を建設しました。防潮堤はチリ地震津波でも被害をもたらさず、安全神話が出来ました。そのため、住民は第１期の防潮堤の外側にも居住するようになりました。しかし東日本大震災は想定外の大津波で、外側の第２、３期の防潮堤は破壊され、内側の第１期の防潮堤を超える津波で壊滅的な被害を受けました。

そのため低地は、公園やスポーツ施設を、居住施設は高台に移転しました。その結果、住民は安住の地を得ました（Eng.:P.84）。

高台移転後後　2018.3 *2)
After moved to Higher Ground

高台移転による三王団地　2018.3
Sannou Housing Estate

被災前　2010.3.9 *2)
Before Disaster

被災直後　2011.3.28 *2)
After Disaster

内側の防潮堤を超えた津波　2011.3
Damage of inside Tide Embankment

破壊された外側の防潮堤　2011.3
Damage of outside Tide Embankment

（2）嵩上げの追加延長、10 年後住民は戻らず（陸前高田市）

Additional Extension of Land Elevation, residents won't Return after 10 Years (Rikuzentakata City)

陸前高田市では、安全な町を求めて嵩上げを行うことにしました。国から費用が出ることからより安全を求めて、徐々に嵩上げの高さが高くなっていきました。嵩上げの高さが高くなることは、工期の延長を伴います。

工期が長びくと、外に出た人は町に戻りにくくなります。

しかし、当時は、安全な町の復興が優先され、嵩上げの高さが高くなることに反対意見は無かったといいます。

延々と工事をしている状況を見た避難住民は、すぐに戻ることはできず、避難先で仕事を見つけ新しい生活を始めました。そのため、10 年経過し嵩上げが出来ても戻る人は少なく、区画整理が出来た中心部には空地が目立ちます。復興の期限についての議論が必要と思われます (Eng.:P.84)。

10 年後の状況　2021.4
10 years after Disaster

被災直後　2011.3
After Disaster

大型ベルトコンベアによる盛土の搬入 *3)
Large Belt Conveyor

盛土作業 2016.7
Embankment Work

盛土作業 2019.7
Embankment Work

（3）内陸の水田を復興団地に（石巻市）

Transforming Inland Rice Fields into Reconstruction Residential Areas (Ishinomaki City)

東日本大震災で石巻市の特に沿岸部では大きな被害を受けました。これらの沿岸部の方々を安全な内陸部の集団移転先として、新蛇田地区が候補となり、その水田を土地区画整理事業を実施し、住宅地としました。

・施工地区面積：46.5ha

・計画人口：3,300 人

・計画戸数：1,265 戸（戸建て住宅 730 戸、復興公営住宅 535 戸）

のぞみ野地区は、中央公園があり、他に東、西、南、北公園の４つの公園があります。戸建て住宅と共同住宅による大きな団地です。応急仮設住宅の時からのつながりの連合自治会が出来ています（Eng.:P.84）。

戸建て住宅 2022.5
Detached house

配置図
Site plan

中央公園 2021.12
Central Park

集会所 2021.12
Meetinghouse

共同住宅 2021.12
Apartment

（4）海の近くの低地は公園・スポーツ施設に（各地）

Low-Lying Areas Near the Sea Transformed into Parks and Sports Facilities (Each Region)

東日本大震災における復興の基本は、津波被害を受けた海に近い低地のエリアは居住地域にはしないということです。そのため、高台移転を基本に、低地では嵩上げなどが実施されました。

そして、海に近い低地エリアについては、公園やスポーツが行われるグランドとしました。野球場などが多いのですが、釜石の鵜住居地区にできた復興スタジアムでは、ラグビーのワールドカップが開催されました(Eng.:P.85)。

釜石鵜住居復興スタジアム 2020.7
Kamaishi Unosumai Memorial Stadium (Kamaishi City)

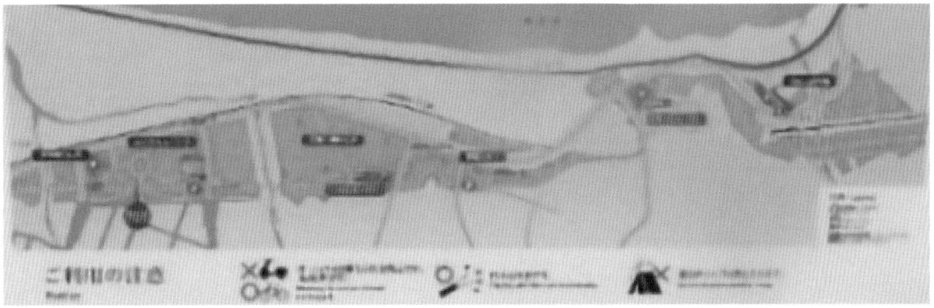

十府ケ浦公園
2017.7
Tofugaura Park
(Nodamura)

ポプラ広場（大船渡市）2018.5
Poplar Park (Oofunato City)

田老野球場 2016.7
Taro Ball Park (Miyako City)

(5) 歩行者専用空間の確保 (福島県富岡町)

Ensuring Pedestrian-Only Space (Tomiokamachi)

区画整理された住宅地では、車が交通の主役となり、なかなか歩行者の専用通路が確保されることは難しい状況にあります。

ましてや被災後の復興団地においては、急いで計画し実施することが求められるため、難しいことは避けて一般的な計画で実施されやすいです。

しかし、ここの福島県富岡町の曲田第1団地は、復興計画で急ぐことを求められるにもかかわらず、歩行者専用空間を確保した例です。

周囲の区画整理された道路とは別に、背中合わせの部分に歩行者専用通路や遊び場を計画し、歩行者専用空間を実現しています。これで歩行者は、車を意識せずに安心して歩け、子供達は遊べます (Eng.:P.85)。

歩行者専用道路と遊び場 2017.7
Pedestrian Walkway and Play Lot

曲田第1団地 2017.7
Magata 1st Housing Estate

区画整理道路 2017.7
Parcel Consolidation Road

歩行者専用道路 2017.7
Pedestrian Walkway

（6）10年経過もフェンスの帰宅困難区域（福島県の一部）

After 10 Years, Certain Areas still difficult to return due to Fencing (Parts of Fukushima Prefecture)

原子力発電所の事故の影響は大変大きいです。事故発生から10年経過しても、まだ帰宅困難区域に指定され、フェンスで囲まれているエリアがあります。

しかし、徐々に帰宅困難区域のエリアが少なくなり、そして解体された建物が増えています。

大野駅周辺には、2021年の２月と８月、そして2023年の８月に視察に行きました。３カットとも大野駅前の同じ場所で撮影しています。２月に視察した時より、８月の時点では、建物が少なくなり、解体が進んだ状況がわかります。そして右下の写真は2023年８月の写真で、解体終了です。駅周辺には建物はなくなりました。このような状況は、夜ノ森駅周辺でも同様でした（Eng.:P.85）。

夜ノ森駅周辺①② 2021.10
Around the Yonomori Station

大熊駅周辺①～③ 2021.2
Around the Oono Station

2021.8

2023.8

（7）戸建て応急仮設住宅、その後本設へ払い下げ（岩手県住田町）

Detached Temporary Housing, later transferred to Permanent Homes (Sumitacho)

住田町では戸建ての応急仮設住宅を建設しました。これは、急にできることではありません。震災に先立つ 2011 年 1 月 13 日、住田町長は第 3 セクターの住田住宅産業株式会社に、応急仮設住宅を木造で造れないかと打診しました。住田住宅産業株式会社では検討を進め、3 月 7 日には町長から、3 月 22 日に国と打合せをするための資料作りを依頼されました。

このような作業をしている最中の 3 月 11 日、大震災が発生しました。そして、3 月 14 日には地元産業界のバックアップと、町長の英断もあり、木造戸建ての応急仮設住宅を建設しました。その後、岩手県による応急仮設住宅建設の公募に応募し、県の仕様で建設されることになりました。

戸建てのため居住環境は良くガラスはペアガラスを用いた寒冷地仕様となりました。応急仮設住宅としての役割終了後、希望者に損傷程度により 1 ～ 3 万円で払い下げ、本設の住宅として使われました。高齢者世帯には小さな住宅で十分です (Eng.:P.85)。

戸建て住宅による応急仮設住宅団地 2011.7
Overall photo of Temporary Housing Estate

①基礎と土台工事 2011.7
Foundation Construction

②床、壁、天井工事 2011.7
Floor,wall,ceiling Construction

③ユニットバス工事 2011.7
Unit bus Construction

④完成間近 2011.7
Nearing Completion

3.

防災施設

Disaster Prevention Facilities

防災関連施設も大きく変わりました。津波対策として、２段階の津波対策がとられたことが大きな内容です。それは、数十年から百数十年に１回程度発生する近代では最大と言われる「レベル１津波（Ｌ１）」、そして 500 年から千年に１回程度発生する最大級といわれる「レベル２津波（Ｌ２）」に対応する方法です。そしてＬ１対応の防潮堤や水門は以前より高く巨大化しました。また水門は岩手県では造っていますが、宮城県では造っていません。

防潮堤や水門で津波から内陸を守るように湾を整備しました。そのため、景観が大きく変わりました。また、過去に大きな防潮堤を造ったため、今回は被災から免れた地区もありました。

そして、国の津波復興拠点整備事業により防災拠点が整備されたのも大きな出来事です。津波対策のためですが、日常的には市民の交流の場として使えます。また福島県の一部には、人が多く集まる場所に放射線測定器が設置されています。

Disaster prevention facilities have undergone significant changes as well. A major focus has been on tsunami countermeasures, involving a two-tiered approach. This approach addresses "Level 1 Tsunamis (L1)," which occur approximately once every several decades to a hundred years and are considered the largest in modern times, and "Level 2 Tsunamis (L2)," which occur approximately once every five hundred to a thousand years and are considered the most severe. As a result, the embankment and water gates designed to handle L1 events have been increased in height and size compared to before. Additionally, while water gates are being constructed in Iwate Prefecture, they are not being built in Miyagi Prefecture.

To protect the inland areas from tsunamis, bays have been developed through the construction of embankment and water gates. This has led to significant changes in the landscape. Furthermore, due to past construction of substantial embankment, there were areas that managed to escape damage this time.

Another significant development is the establishment of disaster prevention hubs through the national Tsunami Recovery Base Development Project. These hubs serve as disaster preparedness centers while also serving as spaces for community interaction in daily life. In certain parts of Fukushima Prefecture, radiation measurement instruments have been installed in areas where people frequently gather.

These measures reflect a comprehensive approach to disaster preparedness, encompassing both physical infrastructure improvements and community-focused initiatives.

（１）２つの水門を繋ぐ防潮堤でまちを守る（岩手県大槌町）

Protecting the Town with a Embankment Connecting Two Water Gates (Iwate Prefecture Ootsuchicho)

大槌町には大槌川と小鎚川が流れており、それらの川の周辺市街地に津波の被害が及びました。そして、広範囲に及ぶ火災が発生しました。

復興計画では、小槌川にあった水門を強化し、新たに大槌川に水門を造ることにしました。そして、これら２つの水門を防潮堤でつなぎました。このような例は世界的に見ても珍しい例です。

これにより町の中心部は巨大な防潮堤と水門で囲われ安全な市街地となりました（Eng.:P.86）。

２つの水門と防潮堤完成後①②
2021.10
After Completion

被災直後 2011.3.29 *4)
After Disaster

完成予想図 *5)
Perspective Drawing

（2）名勝高田松原が防潮堤に（陸前高田市）

Famous Scenic Takatamatsubara beyond the Embankment (Rikuzentakata City)

７万本の松による防潮林は美しく、名勝高田松原は市の象徴でした。

東日本大震災の津波は、それら７万本の松をなぎ倒し市街地の内部を洗い流しました。残された「奇跡の１本松」は有名になりましたが、今では擬木として姿をとどめています。

そして、新しい防潮堤が完成しました。そして現在は、かつての名勝高田松原の跡地に完成された防潮堤の天端を歩くことができます。高田松原の中心部を守るとともに、植樹した松の成長が楽しみです(Eng.:P.86)。

完成後の防潮堤　2021.10
Embankment after Completion

被災前
2011.3.14 *6)
Before Disaster

被災直後　2011.3.29 *6)
After Disaster

５年後　2016.3.29 *6)
5years after Disaster

工事中の防潮堤　2018.7
Embankment under Construction

（3）湾を囲む巨大な防潮堤と水門（各地）

Massive Embankment and Water Gates encircling the Bay (Each Region)

　東日本大震災を契機に、安全性を求めて防潮堤の高さが高くなりました。一方で、そのことにより海が見えなくなるとの景観に対する意見もありましたが水門とともに巨大化されました。

　そして、それらは内陸の居住エリアや商業エリアを守るため、湾を囲むように設置されました（Eng.:P.86）。

大船渡市
2018.7
Oofunato City

野田村
2019.7
Nodamura

気仙沼市
2018.7
Kesennuma City

宮古市
2018.7
Miyako City

石巻市雄勝町
2018.7
Ishinomaki City Ogatsucho

（4）守った防潮堤と水門（岩手県普代村）

Protecting the Village with former Embankment and Water Gate (Fudai Village)

太田名部の防潮堤は普代水門とともに地区を守ったとして、一躍有名になりました。当時の村長の英断により、高さが 15 mの防潮堤をつくり、それが今回の想定外の大津波にも耐えて、地区内の村民を守りました。

船の状況を見に外へ行った行方不明者が１名いましたが、それ以外の死者は０人です。また水門も村を守るのに有効に働きました（Eng.:P.86）。

太田名部防潮堤①②③ 2016.7
Ootanabe Embankment

防潮堤に守られた地区 2017.7
Residencial area without Damage

普代水門 2016.7
Fudai Water Gate

(5) 避難施設として築山(各地)

Constructing Artificial Hills as Evacuation Facilities (Each Region)

東日本大震災を契機に土地利用の見直しを行い、沿岸部の低地の浸水エリアは居住禁止区域となりましたが、公園や運動場として使われ、また商業・業務活動に使われています。そのため沿岸部の低地にも避難施設は必要です。

そのため瓦礫を使った築山が各地で計画され造られました。石巻南浜津波復興祈念公園にも築山があり、南三陸町震災復興祈念公園にも築山があります。岩沼市では築山を「千年希望の丘」と命名しました (Eng.:P.86)。

南三陸町震災復興祈念公園
2021.8
Minamisanriku
Memorial Park Of
Earthquake Disasrer

石巻市雄勝町 2021.10
Ishinomaki City Ogatsucho

「千年希望の丘」①②③ 2019.7
Millennium Hope Hills Iwanuma City

（6）防災交流施設の整備（各地）

Development of Disaster Preparedness and Exchange Facilities (Each Region)

東日本大震災からの復興のため、政府は多くの事業を行いました。その中には津波復興拠点整備事業があり、防災関連施設が各地に建設されました。

日常的には市民の交流施設などに使い、いざ津波や災害という時の対策拠点として機能します。

各自治体で防災をテーマに日常的な施設が出来たことは、これからの防災対策として大きな前進です（Eng.:P.87）。

大船渡市防災観光交流センター（おおふなぽーと）①②
2018.7
Oofunato Bousaikankou Kouryu Center

山元町防災拠点・山下地域交流センター
（つばめの杜ひだまりホール）①②③　2018.7
Yamamotocho Bousaikyoten Yamasita Chiikikouryu Center

（7）放射線測定器の設置（福島県の一部）

Installation of Radiation Monitor (Parts of Fukushima Prefecture)

東日本大震災から福島県の一部では、まちの状況が変わりました。それは、放射線の測定器が設置されたことです。

設置場所は、大勢の人が集まるところで、駅舎の待合室や、駅前広場で見られました。このような測定器が赤字で表示されていると、電車で来て駅の待合室に入り、そして駅から出ると思わず赤字の値を見てしまい緊張感が高まります。別世界に来たという思いになります（Eng.:P.87）。

富岡駅・待合室　2018.7
Tomioka Station

小高駅前広場
2018.7
Kodaka Station
Square

浪江駅前広場
2018.7
Namie Station
Square

桃内駅・待合室　2018.7
Momouchi Station

4.

商業施設の復興

Reconstruction of Commercial Facilities

ここでは商業施設の復興について取り上げます。

最も大きなことは、長年悩んできたシャッター通りが改善されたことが上げられます。シャッター通りが衰退し動かなくなっていたことは、我が国の中心市街地の大きな問題でした。それが、今回の東日本大震災を契機に、改善された地区が見られました。

東日本大震災の津波により、商店街が壊滅的な被害を受けたために、権利者が権利を放棄し、土地が公有となり、そこに建物を建設し事業者はテナントとして入居する。このような方式が採用され成功したように思います。

また、堤防を使って親水空間を創造し、新たなまちの魅力にする、これも成功しています。そして、被災地では、「道の駅」が復興のシンボルのようになりました。

In this context, we will address the reconstruction of commercial facilities.

One of the most significant developments is the improvement of "shutter streets," a long-standing issue that has plagued many urban areas in our country. The decline and stagnation of these shuttered streets had been a major problem in the heart of city centers. However, the aftermath of the Great East Japan Earthquake served as a catalyst for improvement in certain districts.

Due to the devastating tsunami from the earthquake, many shopping streets suffered catastrophic damage. As a result, property owners relinquished their rights, and the land became publicly owned. New buildings were constructed on these lands, and businesses became tenants within them. This approach seems to have been adopted successfully.

Additionally, creating waterside spaces using embankments to enhance the attractiveness of the new town has also proven successful. Moreover, in the disaster-stricken areas, "Michi-no-Eki" (roadside rest areas) have emerged as symbols of recovery.

（1）シャッター通りから歩行者空間の創造（大船渡市）

Creating Pedestrian Spaces from Shuttered Streets (Oofunato City)

大船渡市の湾口周辺の低地部ではシャッター通りの商店街でした。そこに東日本大震災の大津波が襲い、商店街を流しました。被災した事業者には東日本大震災を契機に、持っていた土地や建物の権利を手放す意向の者も多く、市はそのような状況を受けて積極的に引き取りました。

市では、商店街の復旧に取り組みますがシャッター通りを復旧させないように、公有地となった土地に賃貸で事業者が営業できるように検討し、エリア・マネジメントを導入し、2017 年４月に「キャッセン大船渡」をオープンしました（Eng.:P.87）。

キャッセン大船渡遠景 *8)
Kyassen Oofunato

東日本大震災前の
シャッター通り *7)
Shutter Street
before Disaster

被災直後
2011.3
After Disaster

仮設商店街 2012.4
Temporary Shopping Street

ＢＭＸのイベント *8)
Bicycle Motocross

（2）シャッター通りから大型集約施設へ（陸前高田市）

Transitioning from Shuttered Streets to Large Aggregated Facilities (Rikuzentakata City)

東日本大震災前の陸前高田市の中心市街地は、シャッター通りの商店街でした。そこに東日本大震災の大津波が襲い、商店街を流しました。陸前高田市は、安全なまちを作ろうと大規模な嵩上げと区画整理を行いました。

高田松原商業開発協同組合は、リブロという20店舗からなるロードサイド型の商業施設もありましたが、中心地区と共に流されたため、新たに嵩上げされた市有地を借り、リブロの半数の方々に周辺の方々を加え、また核店舗となる大型施設や図書館を加え、集中させた規模の大きい復興の中心施設をつくろうと、「アバッセたかた」を2017年4月に、オープンしました。現在、周辺に商業施設が集まり中心施設として成長しています（Eng.:P.87）。

「アバッセたかた」外観　2021.10
Abasse Takata

東日本大震災前の
シャッター通り *9)
Shutter Street
before Disaster

被災直後
2011.3
After Disaster

店内の状況①②　2021.11
Store

（3）シャッター通りから住商複合施設へ（気仙沼市）

Transforming Shuttered Streets into Residential and Commercial Complex (Kesennuma City)

東日本大震災前の南町紫神社前商店街は、シャッター通りの商店街でした。そこに東日本大震災の大津波が襲い、商店街を流しました。復興を検討して行く中で、漁師が多かった住民が近くの飲み屋に通っていた風習もあり、そのことに配慮することになりました。

通常の商店街の復興では、商業施設だけの復興です。しかし商業施設のみの復興では不十分で、人の住むところもつくらないと成り立たないと検討し、復興公営住宅と商業施設の複合施設をつくることにしました。

複合施設としての新たな南町紫神社前商店街は、2017 年 11 月に、オープンしました (Eng.:P.88)。

前面に商業施設、後ろに共同住宅からなる複合施設 2022.9
Shopping complex with Apartment

東日本大震災前の
シャッター通り *10)
Shutter Street
before Disaster

被災直後
2011.3 *10)
After Disaster

仮設店舗 *10)
Temporary Shopping Street

２階からイベントスペースを臨む 2022.9
Event Space

（4）シャッター通りから海を臨む道へ（宮城県女川町）

Turning Shuttered Streets into Street Overlooking the Sea (Onagawacho)

東日本大震災前のこの地区は､シャッター通りの衰退した商店街でした。そこに東日本大震災の大津波が襲い、商店街を流しました。

商業復興を検討して行く中で、中心市街地を嵩上げし、新しいまちの拠点施設として、JR 女川駅から海に向かってなだらかに下る、歩行者専用道路の「レンガ道」が一直線上に伸びて行くまちづくりをしました。

町有地の上に、民間企業の女川みらい創造株式会社が施設を建設し、テナント方式で運営し、マネジメントする仕組みとしました。
そして、2015 年 12 月には「シルバーピア」がオープンし、翌年 12 月には「ハマテラス」がオープンしました（Eng.:P.88）。

シルバーピア女川 *11）
After Completion

クリスマスのライトアップ
2021.12
Illumination
for Christmas Time

東日本大震災前のシャッター通り *11）
Shutter Street before Disaster

被災後 *11）
After Disaster

瓦礫撤去後 *11）
After remove the Rubble

シルバーピア女川　2016.7
After Completion

（5）衰退した商店を集約し改善（宮城県南三陸町）

Consolidating and Revitalizing Declining Shops (Minamisanrikucho)

東日本大震災前のこの地区は、衰退した商店街でした。そこに東日本大震災の大津波が襲い、商店街を流しました。

商業復興を検討して行く中で、店舗を集約し、復興祈念公園や、その他の施設も集め、交流できる新たなまちの核をつくることにしました。

そして、2017 年 3 月 3 日に、グランドオープンしました。隈研吾氏設計による木造店舗は評判となり様々な賞を受賞しています（Eng.:P.88）。

被災直後
2011.4
After Disaster

南三陸さんさん商店街
①②③ 2011.4
Minamisannriku San San Shopping Village

仮設店舗
2012.3
Temporary Shopping Street

(6) 堤防の天端に商店街（名取市）

Shopping Street on the Top of the Embankment (Natori City)

東日本大震災前の閖上地区はシャッター通りの衰退した商店街でした。そこに東日本大震災の大津波が襲い、壊滅的な被害を受けました。

商業復興を検討して行く中で、国土交通省の提案もあり、川の堤防の天端を広げ、その上を利用した商店街を創造することにしました。

完成した商店街は、2019 年 4 月 25 日にオープンしました。そこには川が見えて広々とした親水空間が広がり、これまでに無かった新しい閖上が創造出来ました。住民からも喜ばれ、「かわまちてらす閖上」は、閖上の大きな魅力となっています (Eng.:P.88)。

東日本大震災前の
堤防 *12)
Embankument
before Disaster

被災直後 *12)
After Disaster

①

②

③

かわまちてらす閖上①②③
2021.10
After Completion

(7) 堤防の天端を使った開発(石巻市)

Development Utilizing the Top of the Embankment (Ishinomaki City)

東日本大震災により旧北上川の川岸と中州は大きな被害を受けました。ここでは、旧北上川の右岸地区の開発について紹介します。

右岸地区は、新しく整備した堤防の天端を利用した開発をしています。それは、堤防の天端のみを利用するというよりは、堤防の市街地側も利用するものです。

建物の1階には市街地側の道路からも出入り出来ます。また階を上って堤防の天端からの出入りも出来ます。これにより旧北上川の親水空間が創造され石巻市の新しい魅力ある地区になっています(Eng.:P.89)。

共同住宅の完成 2018.7
After Completion

被災直後 2011.4
After Disaster

工事中 2016.7
Under Construction

工事中 2019.7
Under Construction

周辺施設 2022.5
After Completion

(8) 復興のシンボルとして「道の駅」(各地)

"Michi no Eki" as a Symbol of Reconstruction (Each Region)

「道の駅」は、商業施設として地域の復興の象徴のようになりました。

商業施設の復興がなかなか進まない中で、道の駅が地域にオープンしたという話題は地域を明るくし、勇気づける出来事となりました。

ここでは、一時期警察の拠点として使われた後、再び、道の駅となった福島県の「道の駅ならは」と新設の「道の駅なみえ」を紹介します。特になみえの場合、遊具等が取り入れられ道の駅の新しいスタイルになっています(Eng.:P.89)。

警察としての「道の駅」ならは
2017.7
After Disaster as a Police Station

「道の駅」なみえ①②③
2011.4
Michinoeki NAMIE

「道の駅」ならは 2023.8
Michinoeki NARAHA

（9）観光地として変わらない「松島」（宮城県松島町）

"Matsushima" Maintaining It's Scenic Spot as a Tourist Destination (Matsushimacho)

松島湾の被害が少なかったのは、湾に浮かぶ多くの島のおかげです。これらの島が自然の防波堤の役割を果たし、津波の直撃から守りました。

そのため、各商店は泥を掻き出し被害が無かったように外壁を清掃。2011 年 4 月 29 日には復活宣言をし観光客を受け入れました。その後広場等の整備も実施しましたが、防潮堤の高さは以前のままです (Eng.:P.89)。

被災直後　2011.6
After Disaster

3 年後　2014.5
3 years after Disaster

10 年後①②　2021.8
10 years after Disaster

整備後①②③　2020.7
Maintenance after Disaster

5.

公共施設等の復興

Reconstruction of Public Facilities and More

ここでは公的施設の高台移転等について取り上げます。

公共施設も多く被災しましたが、それらの多くは、低地に建設された公共施設です。

東日本大震災の大津波により市役所が被災したところでは、市役所内に災害対策本部の設置ができませんでした。そして消防などの防災関連施設も低地にあったところでは被災し、機能出来ませんでした。また、避難した多くの方々が亡くなられた避難所の体育館もありました。加えて小中学校の教育施設も被災しました。今回の東日本大震災を契機に、これら市役所等の公共施設は、高台に移転しました。

また、駅舎も被災しました。三陸鉄道の駅舎にはそれぞれ愛称がありますが、今回の震災を機会に新しくなったものがあります。そして、JR の駅舎の高台移転とともに住宅地も高台移転した地区もあります。そして、震災を契機に大規模なインフラの建設もありました。

In this context, we will discuss the public facilities move to higher ground and related matters.

Numerous public facilities were also affected by the disaster, many of which were originally constructed in low-lying areas. In instances where city halls were impacted by the Great East Japan Earthquake's massive tsunami, it became impossible to establish disaster response headquarters within those city hall buildings. Disaster-related facilities such as fire stations, situated in low-lying areas, were also affected and rendered non-functional. Even the Gymnasiums serving as evacuation shelters, where many evacuees tragically lost their lives, were impacted. Additionally, educational institutions, including elementary and middle schools, suffered damage. In the wake of the Great East Japan Earthquake, these public facilities, including city halls, underwent move to higher ground.

Railway stations were also affected by the disaster. Each station on the Sanriku Railway has its own unique name, and some of these stations underwent reconstruction following the earthquake. Moreover, there were districts where both the railway station buildings and residential areas were relocated to higher ground, accompanied by significant infrastructure development, all stemming from the earthquake.

The disaster prompted a comprehensive reassessment of the positioning and resilience of public infrastructure, leading to important decisions for the relocation and reconstruction of essential facilities to mitigate the impacts of future disasters.

（1）新市役所は内陸移転、跡地は公園（宮古市）

New City Hall moved Inland, Former Site transformed into a Park (Miyako City)

宮古市役所は海の近くに建設されていました。海岸線には防潮堤がありましたが、東日本大震災による大津波は、防潮堤を越えて市役所も襲いました。市役所の1階と2階は被災し、船が流された残骸も見えます。

新市役所は内陸側の宮古駅の近くに建設され2018年10月に供用開始となり、市役所の跡地はうみどり公園として2021年7月にオープンしました。宮古駅はJR山田線と三陸鉄道が接続されています。そのため、新市役所は駅の近くで便利になりました（Eng:P.89）。

内陸に移転された新宮古市役所 2021.8
New Miyako City Hall move to inland

被災直後の宮古市役所 2011.4
Miyako City Hall after Disaster

うみどり公園の石碑 2021.8
Stone Monument of Umidori Park

うみどり公園となった跡地 2021.8
Umidori Park on the Site of City Hall

（2）跡地は緑地に、新役場は小学校を活用（岩手県大槌町）

Former Site transformed into Greenfield Land, New Municipal Office Utilizes Elementary School (Ootsuchicho)

地震発生後、町長をはじめ町の幹部職員が災害対策本部を立ち上げようと２階に集結しました。その後津波の予報があり、一部の職員は屋上に避難しましたが、建物の１～２階にいた町長以下数十人の職員に津波が襲い、町長以下課長クラスの職員が全員行方不明になり、役場機能が停止しました。

大槌町では火災も発生し、城山のふもとにあった鉄筋コンクリート造の大槌小学校も被害を受け、黒焦げになりました。大槌小学校は避難所に指定されていなかったのが幸いでした。

大槌小学校は改装され大槌町役場になりました。町役場は保存要望もありましたが解体され､跡地は 2019 年６月に緑地として整備が完了しています (Eng.:P.90)。

現在は緑地となった
旧大槌町役場跡地①②
2019.7
Greenfield Land
on the Site of Town Hall

被災前
被災直後の大槌町役場　2011.4
Ootsuchi Town Hall after Disaster

被災直後の大槌小学校　2011.4
Ootsuchi Elementary School after Disaster

大槌町役場となった旧大槌小学校　2020.7
Converted Ootsuchi Elementary School into a Town Hall

（3）新市役所は内陸の嵩上げ地に移転（陸前高田市）

New City Hall moved to Elevated Inland Area
(Rikuzentakata City)

陸前高田市役所は､低地の平場だったため大津波の被害を直接受けました。

復興計画では、約 700 m内陸の山側にあった高田小学校の跡地に建設することにしました。高田小学校は、少し高い場所にありましたが津波の被害を受けました。そこで、津波が来た高さまで嵩上げし、その上に新市役所を建設し 2021 年５月より供用開始となりした。新しい市役所は、階数も高くなり、災害時には安全な災害対策本部が設置されます（Eng.:P.90)。

新陸前高田市役所 2021.11
New Rikuzentakata City Hall

被災直後の陸前高田市役所 2011.3
Rikuzentakata City Hall after Disaster

仮設庁舎 2011.4
Temporary City Hall

左奥が新陸前高田市役所 2021.11
Left：New Rikuzentakata City Hall

（4）新消防署や避難所の新体育館も高台へ（陸前高田市）

New Fire Station and Evacuation Center New Gymnasium also moved to Higher Ground (Rikuzentakata City)

陸前高田市の低地部は、大津波の被害を直接的に受けました。

低地部には消防署や避難所の体育館もあり、大津波の被害を受けました。消防署は防災機関としての役割を果たすことが出来ず、また避難所の市民体育館では約80人が避難しましたが、壁が破壊され、大勢が流され３人しか助かりませんでした。

復興に当たり、消防等の防災に関連する諸機関や避難所は高台に移転しました。新消防本部と消防署は高台移転した復興団地の栃が沢アパートに隣接した場所になり、新体育館は夢アリーナとなりました（Eng.:P.90）。

避難所の市民体育館
①② 2011.4
Rikuzentakata Civic Gymnasium after Disaster

被災直後の陸前高田消防署 2011.3
Rikuzentakata Fire Department after Disaster

新陸前高田市消防本部・陸前高田市消防署 2018.7
New Rikuzentakata Fire Department moved to Higher Ground

新陸前高田市民体育館「夢アリーナ」 2023.8
Rikuzentakata Civic New Gymnasium “Yume Arena”

(5) 釜石の奇跡から逃げなくてすむ高台へ(釜石市)

From the Miracle of Kamaishi moved to Safe Higher Ground (Kamaishi City)

「てんでんこ」は釜石の奇跡で知られ、全国的に知られることになりました。災害時には相手も避難しているだろうと、お互いを信じて率先して避難する姿勢は避難の常識になりつつあります。

東日本大震災の時、生徒たちは指定避難所のグループホームに避難し、そこから津波を見ていました(左下写真)。

その写真の1分後さらに高い津波が押し寄せました。そしてそれを見た生徒達が一斉に避難し出しました(右下写真)。

危険を察知した生徒たちが、それぞれ避難した状況がわかります。

その後、復興計画に基づき、鵜住居幼稚園、鵜住居小学校、釜石東中学校は高台に移転しました(右上写真)。(Eng.:P.90)。

高台に移転された新鵜住居幼稚園、新鵜住居小学校、新釜石東中学校 2017.7
New Unosumai Kindergarten, New Unosumai Elementary School, New Kamaishihigashi Junior High School moved to Higher Ground

津波を見る生徒たち 2011.3 *13)
Students are watching Tsunami

1分後、高い津波を見て避難する生徒たち 2011.3 *13)
After 1 Minute, Students are getting to Higher Ground

（6）新しくなった三陸鉄道の駅（岩手県三陸沿岸）

Newly Renovated Stations of Sanriku Railway (Iwate Prefecture, Sanriku Coast)

三陸沿岸の鉄道は久慈駅から宮古駅までは三陸鉄道北リアス線、宮古駅から釜石駅まではJR山田線、釜石駅から盛駅までは三陸鉄道南リアス線でした。そして、東日本大震災では三陸鉄道もJR山田線も被災し不通になりました。

2019年3月23日、JR山田線の宮古―釜石駅間の復旧と同時に、JRは三陸鉄道に移管、運転を再開し、久慈―盛駅間を三陸鉄道リアス線として運転が再開されました。

しかし、2019年10月12日、令和元年度東日本台風の影響で三陸鉄道は全線で運休しました。その後2020年3月20日、全線復旧し運転が再開されました。

東日本大震災後、新設された駅は4駅、建替えた駅は7駅です。駅は41駅ありますが、全ての駅に愛称があります。ここではいくつか紹介します（Eng.:P.91）。

新大槌駅
（愛称：鮭とひょうたん島の町）
2020.7
New Ootsuchi Station

新鵜住居駅
（愛称：トライステーション）
2020.7
New Unosumai Station

新田老駅（新設）（愛称：真珠の紺青）2020.7
Shintaro Station (Newly Established)

新陸中山田駅（愛称：海のオランダ島）2020.7
New Rikucyuyamada Station

新織笠駅（愛称：鮭まつる川）2020.7
New Orikasa Station

(7) 高台移転した駅と住宅地（東松島市）

New Station and Residential Area moved to Higher Ground (Higashimatsushima City)

東日本大震災で被災し、JR 仙石線の隣接する東名駅と野蒜駅は高台移転しました。それに伴い、沿岸部の住宅地も高台移転をしました。

現在、新たな復興住宅地が出来て、新たな生活が始まっています。店の無い住宅地で、1 軒の焼き鳥屋さんが頑張っています (Eng.:P.91)。

配置図
Site plan

新野蒜駅 2017.7
New Nobiru Station

焼き鳥「かっちゃん」2021.1
Housing Yakitori Restaurant
「Kacchan」

新東名駅 2017.7
New Touna Station

住宅地①② 2017.7
Residential Area

(8) 橋上駅で出入口が2か所に（福島県富岡町）

Newly Two Entrances on Over-track Station (Tomiokamachi)

常磐線の夜ノ森駅は哀愁を漂わせる駅でファンも多かったようです。帰宅困難区域にあり反対側から見ることしかできない状況にありました。2019年1月に解体工事が始まると東京からも写真撮影に行く人がいました。新夜ノ森駅は、線路をまたぎ出入口が2か所の橋上駅になり、便利になりました(Eng.:P.91)。

夜ノ森駅 2018.7
Yonomori Station

解体工事 2019.1
Demolition Work

新夜ノ森駅①②③ 2020.7
New Yonomori Station

（9）気仙沼湾縦断橋（気仙沼市）

Kesennumawanjyudankyou (Kesennuma City)

気仙沼湾縦断橋は、東日本大震災を契機に出来た大規模インフラストラクチャーです。宮城県内で整備が進められていた「復興道路」の最後として完成しました。これにより気仙沼市から仙台市、そして岩手県の宮古市までが高速道路で直結し移動時間が短縮されます。

震災後10年の最後の2021年3月にオープンしました。愛称は公募により「かなえおおはし」となりました。また、右下の写真は気仙沼湾横断橋と気仙沼大島大橋を重ねて撮影したものですが、気仙沼大島大橋の愛称は「鶴亀大橋」で2019年7月にオープンしました（Eng.:P.91）。

6年後　2017.7
6 years after Disaster

8年後　2019.7
8 years after Disaster

10年後　2021.8
10years after Disaster

9年後　2020.7
9years after Disaster, behind the Bridge is Kesennumaooshimaoohashi

6.

他の被害や新設工業団地と原子力施設等

Other Damages, New Industrial Parks, and Nuclear Facilities, etc.

ここでは今まで取り上げなかったものの中で、グループ化しにくかった他の災害や施設等を取り上げます。津波火災、鉄道の被害、新設工業団地そして原子力関連の施設を取り上げます。

地震が発生すると二次災害として火災が発生しますが、その後発生した津波が火災を消火すると思われ、海から火災が襲って来る状況には驚かされました。また、海岸線の美しい景観を楽しむために地面に敷設された鉄道のレールの被害も見ることができない被害でした。そして、原子力発電所事故により人口減少が続く福島県では、働き場所の確保のため、多くの工業団地が新たに設置され、原子力発電所事故の教訓として、東京電力を含めた伝承のための施設が建設されました。

Here, we will address other disasters and facilities that haven't been covered so far, which were difficult to group together. We will focus on tsunami fires, railway damage, new industrial park, and nuclear-related facilities.

When an earthquake occurs, secondary disasters such as fires often follow. However, I was astonished by the situation where subsequent tsunamis were believed to extinguish the fires, leading to fires coming from the sea. The damage was not limited to this; I also observed the damage to the railway tracks laid on the ground to enjoy the beautiful coastal scenery. Additionally, in Fukushima Prefecture, where the population continues to decline due to the nuclear power plant accident, many industrial parks were newly established to secure job opportunities. As a lesson from the nuclear power plant accident, facilities for passing down knowledge, including Tokyo Electric Power Company, were also constructed.

（1）津波火災（各地）

Tsunami Fires (Each Region)

津波火災も東日本大震災の特徴です。港湾部に設置されていた重油等のタンクが津波で流され、油が流れ出し着火し、海から火災が流れてくるような事態になりました。結果的にそれが各地で大火災を引き起こしました。津波なのに大火災になる、これも想定外でした（Eng.:P.91）。

油タンクの被害
（気仙沼市）
2011.6
Damage of Oil Tank
(Kesennuma City)

東京消防庁の活動
（気仙沼市）2011.3
Fire Fighting Activities of
Tokyo Fire Department
(Kesennuma City)

大槌町火災後　2011.4
Ootsuchicho after Fire

大船渡市火災後　2011.4
Oofunato City after Fire

気仙沼市火災後　2011.4
Kesennuma City after Fire

（2）ひっくりかえった鉄道（気仙沼市）

Overturned Railways (Kesennuma City)

三陸海岸はリアス式海岸でその景観が美しく国立公園にもなっています。その美しさを堪能できるように、鉄道は海の近くを走っており、またトンネルがあることにより劇的な景観の変化を楽しめます。

しかし、海の近くを走っていることが津波の被害を受けることになり安全対策が必要になりました(Eng.:P.92)。

トンネルでの
線路の転倒
（気仙沼市）①②
2011.5
Railroad Tracks
Overturning
in a Tunnel
(Kesennuma City)

線路の転倒（気仙沼市）①②③
2011.5
Railroad Tracks Overturning
(Kesennuma City)

（3）新設工業団地（福島県）

New Industrial Park (Fukusima Prefecture)

福島県では、震災後の新設の工業団地が多いです。東日本大震災及び原子力発電所事故によって失われた浜通り地域等（15 市町村）の産業を回復するため、新たな産業基盤の構築を目指すための国家プロジェクトが福島イノベーションコースト構想です。

いわき四倉中核工業団地は、第一期は震災前ですが、その後様子を見て、震災後に第二期の工事を行いました。これを含めて震災後、これらの地域で 21 の工業団地が出来ました。産業の回復とともに、原発事故の影響が大きい福島県の雇用の推進にもなっています (Eng.:P.92)。

表２　新設工業団地

	工業団地名	自治体
❶	南相馬復興工業団地	南相馬市
❷	下太田工業団地	
❸	小高復興産業団地	
❹	飯崎産業団地	
❺	浪江町北産業団地	浪江町
❻	浪江町南産業団地	
❼	浪江町棚塩産業団地	
❽	浪江町藤橋産業団地	
❾	中野地区復興産業拠点	双葉町
❿	大熊西工業団地	大熊町
⓫	大熊中央産業拠点	
⓬	富岡産業団地	富岡町
⓭	広野東町産業団地	広野町
⓮	広野駅東側産業団地	
⓯	葛尾村産業団地	葛尾村
⓰	葛尾村東部産業団地	
⓱	田ノ入工業団地	川内村
⓲	田村市産業団地	田村市
⓳	田村東部産業団地	
⓴	川俣西部工業団地	川俣町
㉑	いわき四倉中核工業団地	いわき市

注）いわき四倉中核工業団地は二期工事

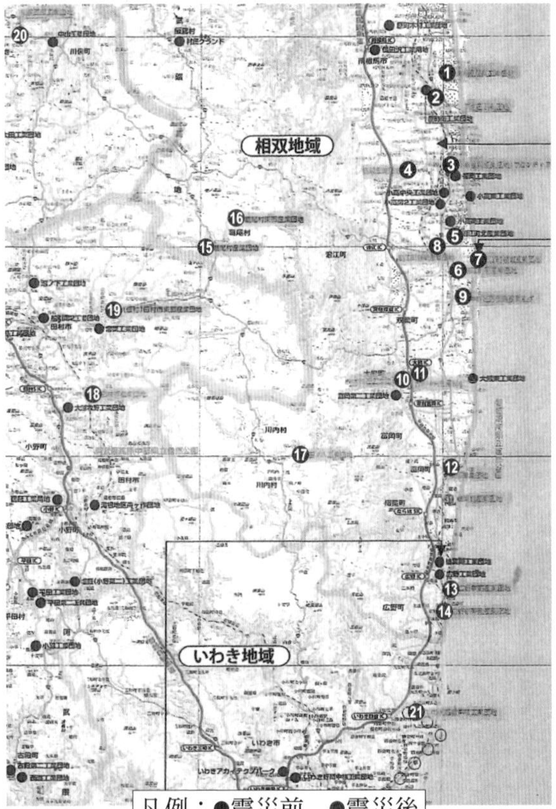

凡例：●震災前、●震災後

図１　震災前、震災後工業団地建設配置図
（いわき市資料に加筆）

いわき四倉中核工業団地
①②③（黄色が二期工事）
2023.8
Iwaki-Yotsukura
core Industrial Park

（4）東京電力廃炉資料館（福島県富岡町）

TEPCO Decommissioning Archive Center (Tomiokamachi)

東京電力ホールディングス株式会社は、原子力事故の記憶と記録を残し、二度とこのような事故を起こさないための反省と教訓を社内外に伝承することを果たすべき責任の一つとし、長期にわたる膨大な廃炉事業の全容を見える化し、その進捗をわかりやすく発信することは、国内外の英知の結集と努力を継続させていく上でも大切とし、関係施設及び周辺地域等との連携を図りながら、原子力事故を後世に伝えていくとともに、復興に向け安心につなげるように努めるとしています。

2018年11月に富岡町にオープンしました（Eng.:P92.）。

東京電力廃炉資料館　2019.9
TEPCO Decommissioning
Archive Center

（5）東日本大震災・原子力災害伝承館（福島県双葉町）

The Great East Japan Earthquake and Nuclear Disaster Memorial Museum (Futabamachi)

東日本大震災・原子力災害伝承館は、世界初の甚大な複合災害の記録や教訓と、そこから着実に復興する過程を収集・保存・研究し、風化させずに後世に継承・発信し世界と共有することは、被災を経験した人々の共通の想いとし、特に福島だけが経験した原子力災害をしっかりと伝えることとし、2020年9月に双葉町にオープンしました（Eng.:P.93）。

東日本大震災・原子力災害伝承館　2021.4
The Great East Japan Earthquake and Nuclear Memorial Museum

7.

震災遺構と伝承館

Disaster Ruins and Memorial Facilities

ここでは震災遺構と伝承館について取り上げます。

震災後、いろいろなものが震災遺構として残すべき候補に上がりました。しかし、その後の検討で残されたものは少なくなりました。基本的に、民間施設のものは、残されたものは少ないです。特に、陸に上がった船などは、津波被害を象徴するものとして残す候補に上がったのですが、結局は残されませんでした。そして、南三陸町の旧防災対策庁舎のように、まだ決定されていないものもあります。

また、津波の伝承館も各地に建設されました。その中には、被災した建物を伝承館にする例もありました。

Here, we will discuss disaster ruins and memorial museums.

After the disaster, various items were considered as candidates for disaster ruins. Generally, there are few ruins left from private facilities. Especially, objects like ships that were stranded on land were considered as symbols of tsunami devastation to be preserved, but ultimately, many of them were not. There are also items, such as the former Disaster Prevention Measures Building in Minamisanriku, for which decisions on preservation are still pending.

Additionally, memorial museums for the tsunami have been constructed in various locations. Among these, there are instances where buildings that were affected by the disaster have been turned into memorial museums.

(1)観光ホテルが震災遺構に(宮古市)

Tourism Hotel turned into a Disaster Ruin (Miyako City)

「たろう観光ホテル」も震災遺構として残され整備されました。撤去されることが多い民間施設の中でも残された例です。中に入って見学ができます。オーナーの強い思いがあって実現した施設です (Eng.:P.93)。

たろう観光ホテル
2011.4
Taro Kanko Hotel
after Disaster

たろう観光ホテル 2016.7
Taro Kanko Hotel as a Disaster Ruin

たろう観光ホテル①②③ 2021.10
Taro Kanko Hotel as a Disaster Ruin

（2）海の近くの施設が震災遺構に（陸前高田市）

Facilities Near the Sea turned into Disaster Ruins
(Rikuzentakata City)

東日本大震災における被害が大きく、最も多くの被災した建物等を震災遺構として残したのは陸前高田市ではないかと思います。

海の近くの施設が大きなダメージを受けましたが、ここでは陸前高田市の震災遺構からいくつか紹介します。

なお、奇跡の一本松は、現在は擬木となっています。また右下写真の共同住宅は、残されているのは海側の１棟だけです（Eng.:P.93）。

奇跡の一本松と背後の建物
2011.4
The Miracle Pine Tree and behind Building after Disaster

奇跡の一本松と背後の建物
2020.7
The Miracle Pine Tree and behind Building after Disaster Ruin

タピック
2012.4
TAPIC after Disaster

タピック
2022.5
TAPIC as a Disaster Ruin

共同住宅
2011.6
Apartment after Disaster

共同住宅
2016.7
Apartment as a Disaster Ruin

（3）震災遺構となった荒浜小学校（仙台市）

Arahama Elementary School transformed into a Disaster Ruin (Sendai City)

東日本大震災後、４月に入って仙台市の海岸沿いの荒浜小学校を視察しました。その時、体育館の床は砂で覆われる等、津波の惨状を伺い知ることができました。しかし、結局体育館は震災遺構としては残されませんでした。構造的に困難だったようです。

現在は、教室棟が震災遺構として残されており、展示品もあり津波の状況を伝える施設となっています（Eng.:P.93）。

荒浜小学校①②
2017.7
Arahama Elementary School after Disaster

荒浜小学校①②③
2017.7
Arahama Elementary School as a Disaster Ruin

（4）小学校が震災遺構に（各地）

Elementary Schools turned into Disaster Ruins (Each Region)

被災した教育施設は震災遺構として残しやすいです。民間の施設であれば、被災後の段階では残そうと思うも、土地の条件などの検討の結果、残す余裕もなく途中で難しいという判断が出てきます。

その点、浸水区域にあって被災した教育施設は、新たに建設する場合は高台移転等の安全な土地に建設されます。被災した建物は使わなくなり、解体費用もかからず震災遺構として役立てることが可能です。

全校児童の約７割が死者・行方不明者となった大川小学校の悲劇は、全国的な話題となりました。近くに大川震災伝承館が出来、訪れる方々が絶えません。(Eng.:P.93)。

中浜小学校（宮城県山元町）
2019.7
Nakahama Elementary
School as a Disaster Ruin
(Yamamotocho)

大川小学校（石巻市）
2016.7
Ookawa Elementary
School as a Disaster Ruin
(Ishinomaki City)

門脇小学校（石巻市）
2021.10,2022.5
Kadowaki Elementary
School as a Disaster Ruin
(Ishinomaki City)

（5）夫の建てたブロック造が妻を守る（大船渡市）

Husband's Block Construction House protected Wife (Oofunato City)

気仙大工の故三浦賢吉は津波に強い家をつくろうと、大船渡市の赤崎で高砂建設という会社をつくり、赤崎地区を中心に安価で強い補強コンクリートブロック造の住宅を造りました。東日本大震災の時、東京の娘からの電話で津波が来ることを知らされた妻の千花野氏は外に出て津波が来るのを見ました。

夫の造った家ならばと２階に避難しました。しかし、津波は家をのみ込み、千花野氏はジャンプし長押につかまり、天井から数センチの隙間で呼吸し助かりました。津波が引いてから生き残った猫が２匹来ました。猫を懐に入れ一昼夜過ごし、翌日救助隊に救助されました。猫は低体温症になるのを防ぎました。

木造の家が津波により流される中で、三浦賢吉のブロック造は破壊されず財産の流出を防ぎました。千花野氏は夫に助けられたと言われました。

その後（一社）全国建築コンクリートブロック工業会の協力で、被災時の状況がプリントされたブロック碑が出来ました（Eng.:P.94）。

「ブロック碑」の完成、前列左：ブロック工業会会長、その隣：三浦千花野さん
2013.7 Commemorative Photo: Completion of the Block Monument

被災した三浦家 2011.3
After Disaster

三浦家の２階に残る津波の痕跡
2011.3
Traces of the Tsunami
on 2nd Floor

三浦家の猫
2011.3
Cat

天井までの隙間で助かったと語る三浦千花野さん 2011.3
Chikano Miura indicates the Gap between Ceiling and Tsunami

(6) 旧野蒜駅は震災復興伝承館に(東松島市)

Former Nobiru Station transformed into Tsunami Memorial Hall (Higashimatsushima City)

旧野蒜駅は、東日本大震災の大津波により被災しました。

復興に当たり、駅を住宅地とともに高台に移転することにしました。それに伴い、旧駅周辺は東松島市東日本大震災復興祈念公園とし、既存の駅舎は津波復興伝承館として、またプラットホームと鉄道は震災遺構として震災の記録を伝えていくことになりました(Eng.:P.94)。

震災復興伝承館になった旧野蒜駅 2021.10
Conversion Nobil Station to 3.11 Disaster Recovery Memorial Museum

エントランスホール 2021.10
Entrance Hall

震災遺構のプラットホームと線路 2021.10
Platform and railroad as a Disaster Ruins

展示室①② 2021.10
Exhibition Room

（7）東日本大震災伝承館（各地）

Great East Japan Earthquake Memorial Hall (Eacn Region)

東日本大震災の大津波の伝承館も各地で建設されました。

しかし、必ずしも名前が伝承館ではなくても、未来館などのような名称で建設されている場合もあります。

そして、新築の場合でも、単独で建設されるものと、他の施設と複合的に建設されたものや、交流センターの中の1室に設置されたものなどがあります。単独で建設されたものとして、ユニークなデザインの南三陸町の隈研吾氏設計による伝承館を紹介します (Eng.:P.94)。

東日本大震災津波
伝承館
（陸前高田市）
2021.4
Iwate Tsunami
Disaster Memorial
Museum
(Rikuzentakata City)

大槌町文化交流センター
「おしゃっち」
2018.7
Osyatti（Ootsutisho）

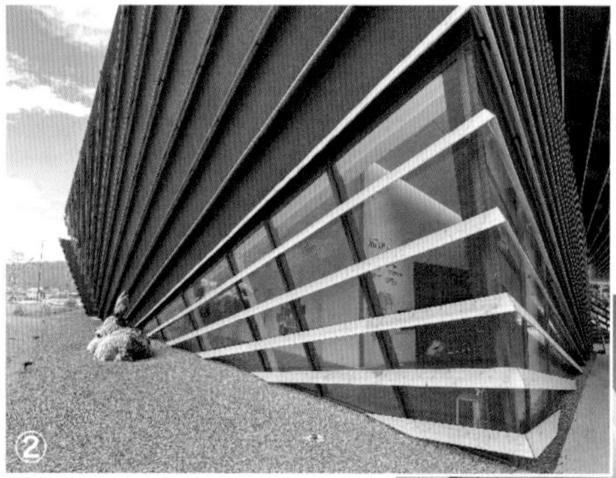

南三陸町東日本大震災伝承館
「南三陸 311 メモリアル」①②③」
2023.8
Minamisannriku 311 Memorial
(Minamsanrikucho)

8.

追悼・祈念施設

Memorial and Remembrance Facilities

ここでは、追悼・祈念施設を取り上げます。

追悼・祈念施設には国がつくるものと、各自治体でつくるものがあります。そして、それぞれの施設が、震災発生後、10 周年を目標に建設されています。

国営の施設は、岩手県、宮城県、福島県に 1 か所ずつ計 3 か所建設予定で、現在までに、岩手県、宮城県の 2 か所は完成しています。福島県の施設は、原子力発電所事故のため遅れ、完成が令和 7 年度（2025 年度）末になりました。

Here, we will discuss memorial facilities for remembrance and prayer.

Memorial facilities for remembrance and prayer come in two forms: those established by the national governments and those managed by local governments. Each facility has been constructed with the goal of commemorating the 10th anniversary of the earthquake disaster.

However, the national government-operated facilities are planned to be established in three locations: one each in Iwate Prefecture, Miyagi Prefecture, and Fukushima Prefecture. As of now, two of these facilities, located in Iwate and Miyagi Prefectures, have been completed. The facility in Fukushima Prefecture experienced delays due to the nuclear power plant accident and is projected to be completed by the end of the fiscal year 2025 (the end of fiscal year 2025 in the Japanese calendar, known as "Reiwa 7th").

（1）南三陸町震災復興祈念公園（宮城県南三陸町）

Minamisanrikucho Memorial Park for Disaster
(Minamisanrikucho)

南三陸町の防災対策庁舎では、襲ってくる津波から町の住民に避難を呼びかけた女性職員が殉職した出来事は、全国的な話題になりました。

その建物を保存するかどうか議論になりました。

しかし未だ決定しておらず、震災から20年間は県の扱いとなり現在に至っており、現在は公園として整備されています。犠牲になられた方々の名簿を納める「名簿安置の碑」、「復興祈念のテラス」が設置されている祈りの丘があります (Eng.:P.94)。

被災後　2011.6
After Disaster

5年後　2016.7
5 years after Disaster

南三陸町震災復興祈念公園①②③　2021.8
Minamisanrikucho Memorial Park for Disaster after Completion

（2）各自治体の追悼・祈念施設（各地）

Memorial and Remembrance Facilities in Each Municipalities (Each Region)

東日本大震災の追悼・祈念施設は、被害の規模や死者数の人数によって規模は様々ですが、各自治体で建設されています。

ここでは比較的小規模な追悼・祈念施設を紹介します（Eng.:P94.）。

仙台市荒浜，荒浜新町，七郷 2021.10
Arahama, Arahamashinmachi, shichigou

釜石市 2021.10
Kamaishi City

名取市 2021.10
Natori City

東松島市 2021.10
Higashimatsushima City

宮城県山元町 2021.10
Yamamotocho

（3）高田松原津波復興祈念公園（陸前高田市）

Takatamatsubara Memorial Park for TSUNAMI Disaster (Rikuzentakata City)

高田松原津波復興祈念公園は、一部先行利用し令和２年度末に完成しました。前方にある水平で長い建物は、東日本大震災津波伝承館と道の駅高田松原が一体となった象徴的な建物です。

その建物の下を通って、建物から海に向かって一直線上に象徴的な祈りの軸が通り、海を臨む場につながります（Eng.:P.95）。

東日本大震災津波伝承館と道の駅高田松原①②　2021.4
Iwate Tsunami Disaster　Memorial Museum and Michinoeki Takatamatsubara

海を臨む場　2021.4
The Place Overlooking the Sea

祈りの軸　2021.4
The Axis of Prayer

（4）石巻南浜津波復興祈念公園（石巻市）

Ishinomaki Minamihama Tsunami Memorial Park(Ishinomaki City)

石巻南浜津波復興祈念公園は令和２年(2020)度末にオープンしました。日和山公園から海を臨むと、その全貌が見えます。しかし、まだ緑が少なく植栽された樹木の成長はこれから待つことになります。避難の築山とみやぎ東日本大震災津波伝承館は確認できます。

公園は、国と県と市が整備したエリアに分かれており、追悼の広場は広く 3,000 人規模の式典ができます。ここから海に向かって祈りの場が続いています (Eng.:P.95)。

祈りの場 2021.4
The Place of Prayer

石巻南浜津波復興祈念公園
2021.4
Ishinomaki Minamihama
Tsunami Memorial Park

みやぎ東日本大震災津波伝承館①② 2021.4
Miyagi 3.11 Tsunami Disaster Memorial Museum

避難築山 2021.4
Evacuation Hill

（５）福島県復興祈念公園（福島県浪江町、双葉町）

Fukushima Prefecture Reconstruction Memorial Park (Namiemachi, Futabamachi)

福島県復興祈念公園は令和５年（2023 年）８月現在、工事中です。

近くには既に、東日本大震災・原子力災害伝承館は完成して見学客に展示しています。祈念公園は、令和５年度末に完成予定でしたが、現段階では、７年度末に延長とのことです。完成を期待したいと思います (Eng.:P.95)。

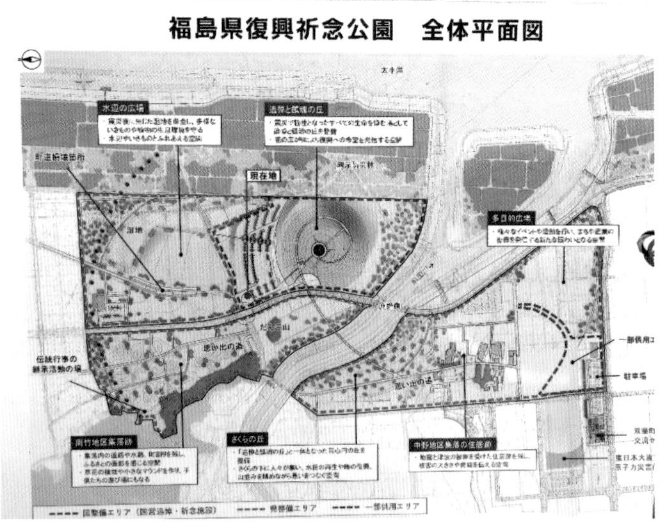

全体平面図
Site Plan

工事中④⑤　2023.8
Under Construction

工事中①②③　2021.4
Under Construction

解説文の英訳

Commentary in English

1-(1) Guidelines for Mutual Assistance

After the earthquake disaster, there were areas in the Tohoku region where mutual assistance did not function properly following the Great East Japan Earthquake. This was due to the conflicting feelings among those providing assistance about how long they should continue to help.

Article 86 of the Basic Act on Disaster Management states "promptly...," but there is no specific deadline mentioned. Even for those who were not affected by the disaster, they have their daily lives with their own limits. In my book ("Creating a New Mutual Asistance Society Based on Lessons from the Great East Japan Earthquake"), I proposed a guideline that public assistance provided by the Self-Defense Forces, such as food and blankets, would begin approximately four days later, with the community assisting each other for the initial three days, and then relying on national assistance thereafter. This approach allows those providing support to feel motivated to persevere for those initial three days.

Table 1 Chronological Development of Self-help, Mutual Assistance , and Public-help (From the Creation of a New Mutual Assistance Society Based on Lessons from the Great East Japan Earthquake) In this table, mutual assistance within local communities is referred to as "proximal assistance," while mutual aid from distant sources in the form of support supplies and volunteer efforts is termed "distal assistance."

Table1-1 Earthquake

Before the disaster		1 to 3 days	4 days ~until before moving into temporary housing	After moving into temporary housing (1 to 6 months later)
Self-help: Stockpiling		Life through stockpiling	—	—
Mutual Assistance : —		Proximal Assistance (Food and Supplies) Mutual Assistance Between Evacuation Centers	Proximal Assistance (Labor Service)	Proximal Assistance (Occasionally)
			Distal Assistance (Relief Supplies, Volunteers)	Distal Assistance (Volunteers)
Public-help	Location	Evacuation Center	Evacuation Center	Temporary Housing
	Stockpiled Food and Supplies	Life through Stockpiling	Self-Defense Forces (Meal Services, Blankets, Bathing Facilities)	

Table1-2 Grate Earthquake

Before the disaster		1 to 3 days	4 days ~until before moving into temporary housing	After moving into temporary housing (1 to 6 months later)
Self-help: Stockpiling		—	—	—
Mutual Assistance : —		Proximal Assistance (Food and Supplies) Mutual Assistance Between Evacuation Centers	Proximal Assistance (Labor Service)	Proximal Assistance (Occasionally)
			Distal Assistance (Relief Supplies, Volunteers)	Distal Assistance (Volunteers)
Public-help	Location	Evacuation Center	Evacuation Center	Temporary Housing
	Stockpiled Food and Supplies	Life through Stockpiling	Self-Defense Forces (Meal Services, Blankets, Bathing Facilities)	

1-(2) Transition from Large-Scale Evacuation Centers to Small-Scale Dispersed Shelter

When it comes to evacuation shelters, it used to be common to use gymnasiums in schools or city and prefecture sports facilities, as mentioned on the previous page. However, as the operation and daily life in large-scale evacuation shelters, particularly privacy concerns, are being reevaluated, it seems that smaller-scale shelters would be more suitable.

Rather than shelters accommodating hundreds to thousands of people, facilities at the level of community centers or civic halls used by neighborhood associations, equipped with kitchen facilities, and where individuals are more familiar with each other, appear to be more favorable. In my book "Creating a New Mutual Asistannce Society Based on Lessons from the Great East Japan Earthquake," I highlighted the example of Oofunato City, which considered the Kominkan as a unit for shelter arrangements.

In the Nishidate district, the Nishidate Kominkan was washed away, so approximately 120 people, including those from the Tomari district and stranded tourists, sought refuge at the Goishi Community Center.

By the third day, this group was divided into three separate locations. The Nishidate district residents were relocated to the Goishi Community Center, Tomari district residents went to the Goishi Kominkan, and the tourists found shelter at the Sanjukari Kominkan. This marked the beginning of an extended period of shelter living.

Additionally, regular meetings were held among the directors of the five district Kominkan in the Goshi area. In other words, they shared information and provided mutual assistance between the shelters.

A transition from large-scale centralized shelters to smaller, decentralized shelters is being advocated for.

1-(3) Anonymous Reconstruction Communal Housing

In the context of reconstruction public housing, the formation of communities is hindered by the barrier of personal information protection, as few people display their names in mailboxes. However, community association leaders and officials are concerned about this situation. Cases of solitary deaths have also taken on new forms, raising worries.

As reconstruction housing transitions into regular housing, younger individuals also move in. However, during the period of occupancy before moving into detached houses, they are not actively seeking to build interpersonal relationships.

Noise issues also pose significant challenges. Unlike private housing, the specifications of reconstruction housing are lower, causing sound to reverberate between upper and lower units as well as neighboring ones. This has led some individuals to leave the housing due to the disruption caused by noise. People are forced to live cautiously to avoid causing inconvenience to others, which has resulted in added stress for some residents. There are many challenges to address.

Furthermore, the COVID-19 pandemic has caused job losses, and some individuals have been unable to afford rising rental fees, eventually leading to their departure from the housing.

1-(4) Radio Calisthenics for Community Formation

In Rikuzentakata City, there are reconstruction public housing units constructed on higher ground by Iwate Prefecture in 2016. These housing units can accommodate 301 households, making them the largest of their kind in Iwate Prefecture.

While the chairman is elected through an election process, they do not possess a complete roster of all residents' names to uphold personal information protection. Details such as the number of family members in each household remain undisclosed.

Few residents choose to display their names in their mailboxes. It seems that the opportunity for conversations arises when people gather for post-radio Calisthenics tea.

The population of residents is gradually aging. Some individuals who cannot dispose of their garbage alone end up creating "hoarding house" living conditions. Due to these circumstances, the community association chairman is emphasizing the need for mutual assistance, stating, "We won't make it without helping each other!" The chairman is preparing for the inevitable limits that will eventually arise.

The projected occupancy rate for ten years later is approximately 75%.

1-(5) Sustaining Communities and the True Nature of Reconstruction

In Oofunato City, each evacuation shelter was assigned a local community center. This approach resulted in a different kind of shelter life compared to the large-scale gymnasium shelters, as residents experienced shelter life within the familiarity of their daily community.

In the Nishidate district, the residents rallied around leaders after the disaster, working to maintain their community. They negotiated and searched for temporary housing options near the shelter, and temporary housing was established nearby, close to the shelter. Furthermore, they were able to secure individual houses for reconstruction rather than communal housing.

The progression of recovery in the district, with these efforts undertaken within the community, can be seen as a true reflection of post-disaster reconstruction. These efforts were aimed at preventing the dispersion of the community and maintaining its coherence.

As mentioned in point (2) considering community aspects, a transition from Large-Scale Evacuation Center to Small-Scale Dispersed Shelters is recommended.

1-(6) It Was Good to Make More Acquaintances!

Reconstruction public housing communities sometimes have a negative perception before considering personal information protection. However, there are shared housing units where residents express that they are glad to be there.

One such example is the Hosoda Higashidanchi Housing Complex and the Soma Idobata Nagaya in Soma City. Despite being referred to as "nagaya" (longhouse), these structures are considered Communal Housing according to Japanese building standards act.

These single-story units, comprising 12 households each, offer an appealing setup. The hallways are spacious, and the shared laundry area provides opportunities for conversations while waiting. Lunch is prepared and shared collectively, and missing a meal becomes a notable absence, making it easier to identify if someone is unwell. This practice has even helped prevent cases of solitary deaths.

In this community, everyone has their name displayed in their mailbox, fostering a sense of familiarity and community.

1-(7) Emotional Recovery

During the 10th-year interview, I inquired about "Emotional Recovery." One common theme that emerged across different interviews was that individuals who lost family members in the disaster often continue to struggle emotionally, and their Emotional Recovery has not fully taken place. People around them are cautious about addressing this topic, and it remains difficult to discuss. It is clear that psychological recovery takes time.

On the other hand, in the context of communal housing, it was mentioned that some individuals find it challenging to move past the identity of being "disaster victims." This sentiment could arise from the fact that people who had been living independently in their own homes were forced into communal housing. This change in living situation may contribute to this lingering feeling. Addressing the issue of appropriate reconstruction housing for the region appears to be a significant challenge.

2-(1) From the Collapse of the Safety Myth to a Place of Settlement

After the Meiji Sanriku Tsunami, in order to prevent damage from tsunamis, three phases of construction were carried out in Taro to build a double-crossed, X-shaped embankment known as the "The Great Wall of China" The embankment remained unharmed even during The Chile Earthquake tsunami, creating a safety myth. As a result, residents began to inhabit the outside of the first-phase embankment.

However, the Great East Japan Earthquake brought an unforeseen massive tsunami that destroyed the outer second and third-phase embankment, causing devastating damage from a tsunami that breached the inner first-phase embankment. Consequently, no residential facilities were built in low-lying areas, and moved to higher ground as parks and sports facilities was undertaken. As a result, residents obtained a secure dwelling place.

2-(2) Additional Extension of Land Elevation, Residents won't Return after 10 Years

Rikuzentakata City, the decision was made to conduct land elevation in search of a safer town. With funding from the government, the focus on safety led to a gradual increase in the height of the land elevation. The higher elevation height resulted in an extension of the construction period.

As the construction period lengthened, it became more difficult for people who had left the town to return. However, during that time, the priority was placed on the reconstruction of a safe town, and there were no opposing views to the increased height of the land elevation.

Evacuated residents who witnessed the ongoing construction found it challenging to return immediately, leading them to find jobs and start new lives in their places of evacuation. As a result, even after a decade had passed and land elevation was completed, the number of people returning remained low, and vacant lots are conspicuous in the redeveloped central area. Discussions regarding the timeline for reconstruction deadlines appear to be necessary.

2-(3) Transforming Inland Rice Fields into Reconstruction Residential Areas

The coastal areas of Ishinomaki City suffered significant damage during the Great East Japan Earthquake. To provide a safe relocation option for the residents of these coastal areas, the New Hebita District was chosen as an inland collective relocation site. The rice fields in this area were reorganized through land readjustment projects and transformed into a residential neighborhood.

- •Construction Area: 46.5 hectares
- •Planned Population: 3,300 people
- •Planned Number of Homes: 1,265 units (730 single-family houses, 535 public communal housing)

The Nozomino District features a central park along with four other parks in the east, west, south, and north directions. It comprises both single-family houses and communal housing complexes, forming a large residential complex. A united residents' association, established since the temporary housing phase, maintains a strong sense of community.

2-(4) Low-Lying Areas Near the Sea Transformed into Parks and Sports Facilities

The fundamental principle of reconstruction after the Great East Japan Earthquake was not to establish residential areas in the low-lying coastal regions that had been affected by the tsunami. As a result, the primary approach was to prioritize moving to higher ground, while implementing land elevation measures in the low-lying areas.

Consequently, the coastal low-lying areas were designated for parks and sports facilities. Many of these areas feature baseball fields and other sports facilities. In the case of the Unosumai District in Kamaishi City, a reconstruction stadium was built, and it hosted the Rugby World Cup.

2-(5) Ensuring Pedestrian-Only Space

In the planned residential neighborhoods resulting from land readjustment, cars often become the main mode of transportation, making it challenging to allocate dedicated pedestrian pathways. Especially in the context of post-disaster reconstruction, where quick planning and implementation are crucial, simpler and more conventional designs are typically favored to expedite the process.

However, the case of Magata Phase 1 Housing Complex in Tomiokamachi, Fukushima Prefecture, stands out as an example where despite the urgency of reconstruction, dedicated pedestrian spaces were prioritized.

Adjacent to the organized roadways of the surrounding area, separate pedestrian walkways and play areas were incorporated, creating a distinct pedestrian-friendly environment. This thoughtful design allows pedestrians to walk without worrying about vehicles and provides safe spaces for children to play.

2-(6) After 10 Years, Certain Areas still difficult to return due to Fencing

The impact of a nuclear power plant accident is indeed significant. Even after a decade has passed since the accident, there are still areas designated as difficult to return to, enclosed by fences.

However, gradually, the size of these restricted areas has diminished, and more buildings have been dismantled.

In the vicinity of Ono Station, I conducted site visits in February and August of 2021, as well as in August 2023. All three photographs were taken in the same location in front of Ono Station. A comparison between the visits reveals that there are fewer buildings and more progress in dismantling by August compared to February. The photo on the right is from August 2023, showing that dismantling is complete and there are no longer any buildings around the station. A similar situation has been observed around Yonomori Station.

2-(7) Detached Temporary Housing, later transferred to Permanent Homes

In Sumitacho, detached temporary housing units were constructed as an immediate response to the disaster, a process that was not without its challenges. Before the earthquake, on January 13, 2011, the Mayor of Sumitacho reached out to Sumita Housing Industry Co., Ltd., a third-sector company, to explore the possibility of constructing temporary housing units using wooden materials. The company began to study construction methods, and by March 7, they were asked by the mayor to prepare materials for a meeting with the national government scheduled for March 22.

Amidst these preparations, the devastating earthquake struck on March 11. On March 14, with the backing of the local industrial sector and the decisive action of the mayor, construction of detached temporary wooden housing began. Subsequently, Sumitacho submitted an application for the construction of these units through a public solicitation by Iwate Prefecture. The construction adhered to the specifications outlined by the prefecture.

Designed as single-family units, the detached temporary housing offered comfortable living conditions, incorporating features such as double-glazed windows suitable for cold climates. After serving their temporary housing role, these units were offered to interested parties for ownership, with the price determined based on the extent of damage, ranging from 10,000 to 30,000 yen. For elderly households, these smaller homes proved to be sufficient.

3-(1) Protecting the Town with a Embankment Connecting Two Water Gates

In Ootsuchicho, both the Ootsuchi River and the Koduchi River flow, and the surrounding urban areas near these rivers were affected by the tsunami. The disaster also led to widespread fires.

As part of the reconstruction plan, efforts were focused on reinforcing the water gates along the Koduchi River and constructing new water gates along the Ootsuchi River. These two sets of water gates were connected by embankment.

As a result, the town's central area is now encompassed by a massive embankment and water gates, creating a secure urban space that is protected from tsunamis.

3-(2) Famous Takatamatsubara protected by Embankment

The Takatamatsubara, a protective pine forest consisting of 70,000 pine trees, was a picturesque and cherished landmark symbolizing the city's beauty.

However, the tsunami generated by the Great East Japan Earthquake swept away these 70,000 pine trees, devastating the city's interior. The "Miracle Pine," a single surviving pine tree, gained fame but now stands as an artificial representation.

Subsequently, a new embankment was constructed, and visitors can now walk along the top of the completed embankment, which occupies the former grounds of the renowned Takatamatsubara. This serves both to safeguard the heart of Takatamatsubara and to anticipate the growth of the newly planted pines.

3-(3) Massive Embankment and Water Gates encircling the Bay

The Great East Japan Earthquake served as a catalyst for increasing the height of embankments. While there were concerns about obstructing the view of the sea and altering the landscape, the decision was made to enlarge the embankments, often in conjunction with the construction of water gates.

These enhanced embankments and water gates were strategically placed around the bay to protect inland residential and commercial areas. The primary objective was to safeguard these areas from potential tsunamis and other water-related disasters.

3-(4) Protecting the Village with former Embankment and Water Gate

The Ootanabe embankment in conjunction with the Fudai water gate gained fame for effectively safeguarding the district. The decision made by the village mayor at that time led to the construction of a 15-meter-high embankment, which stood strong even against the unforeseen massive tsunami, successfully protecting the villagers within the district.

While there was one missing person who had gone outside to check on the ship's situation, the number of casualties other than that was zero. The water gate also played a crucial role in protecting the village effectively.

3-(5) Constructing Artificial Hills as Evacuation Facilities

In the aftermath of the Great East Japan Earthquake, there was a reevaluation of land use, leading to the designation of low-lying coastal flood-prone areas as restricted zones for habitation. However, these areas have been repurposed as parks, playgrounds, and even for commercial activities. This has necessitated the need for evacuation facilities in these coastal low-lying regions.

To address this need, the construction of Artificial Hills using debris was planned and implemented in each region. Such Artificial Hills are present in places like the Ishinomaki Minamihama Tsunami Memorial Park and the Minamisanrikucho Memorial Park for Disaster. In Iwanuma City, a mound was named the "Millennium Hope Hills."

3-(6) Development of Disaster Preparedness and Exchange Facilities

In the process of recovering from the Great East Japan Earthquake, the government initiated various projects, among which the Tsunami Recovery Base Development Project played a significant role. This project involved the construction of disaster-related facilities in different regions.

These facilities, designed for both daily community interaction and as emergency response centers in times of tsunamis or disasters, serve a dual purpose. They are utilized as spaces for citizens to come together in normal times and are equipped to serve as strategic hubs during times of crisis.

The fact that disaster-focused facilities have been integrated into everyday life across different municipalities represents a substantial step forward in disaster preparedness. This approach is vital for enhancing overall disaster resilience and response strategies moving forward.

3-(7) Installation of Radiation Monitor

Following the Great East Japan Earthquake, there were notable changes in some parts of Fukushima Prefecture, particularly due to the installation of radiation measurement devices.

These devices were placed in locations where a large number of people gather, such as station waiting rooms and station plazas. When these measurement devices are indicated by the color red, it can create a heightened sense of tension for individuals. For example, someone arriving at the station via train, entering the waiting room, and then leaving the station might unexpectedly see the red readings, leading to a feeling of entering a different world and an increased sense of unease.

4-(1) Creating Pedestrian Spaces from Shuttered Streets

In the low-lying areas around the bay entrance of Oofunato City, there was once a shuttered shopping street. The Great East Japan Earthquake triggered a massive tsunami that swept through this area, devastating the shopping street. Many of the affected businesses, prompted by the disaster, expressed an intention to relinquish their rights to the land and buildings they owned. In response to this situation, the city actively acquired these properties.

The city embarked on efforts to restore the shopping street, but with a unique approach to avoid resurrecting a shuttered street. They explored options to allow businesses to operate on publicly-owned land through leasing arrangements, introducing area management strategies. In April 2017, they opened "Kyassen Oofunato," providing a space for businesses to operate and reviving the area in a new way.

4-(2) Transitioning from Shuttered Streets to Large Aggregated Facilities

Before the Great East Japan Earthquake, the central business district of Rikuzentakata City had a shuttered shopping street. The tsunami from the earthquake washed away this commercial area. In efforts to create a safer city, Rikuzentakata City underwent large-scale land elevation and urban planning.

The Takatamatsubara Commercial Development Cooperative had an existing roadside commercial facility called "Libro," consisting of 20 shops. However, both the central district and Libro were swept away by the disaster. To rebuild, they leased newly elevated city-owned land and combined the original Libro tenants with nearby businesses. They also incorporated a large-scale facility serving as a core store and a library, resulting in the creation of a significant central facility for recovery named "Abasse Takata." This center opened in April 2017. Currently, surrounding commercial facilities have gathered, contributing to the growth of the central facility as a thriving hub.

4-(3) Transforming Shuttered Streets into Residential and Commercial Complexes

Before the Great East Japan Earthquake, the Minamimachi Murasaki JinJa-mae Shopping Street was a shuttered commercial area. The tsunami from the earthquake swept away this shopping street. During the process of planning for recovery, it was taken into consideration that many residents, who were predominantly fishermen, had a tradition of frequenting nearby drinking establishments.

In the normal recovery process for a shopping street, the focus is typically on reviving commercial facilities alone. However, it was recognized that this approach would be insufficient. To truly facilitate recovery, it was essential to create not just commercial facilities but also places for people to live.

As a result, a decision was made to create a combined complex of public housing and commercial facilities.

4-(4) Turning Shuttered Streets into Street Overlooking the Sea

Prior to the Great East Japan Earthquake, this district was home to a declining shuttered shopping street. The tsunami from the earthquake swept through, causing devastation to the commercial area.

In the process of considering commercial recovery, efforts were directed towards revitalizing the central business district. This involved elevating the area and creating a new community focal point. The result was the development of the "Brick Road," a pedestrian-only pathway that gently slopes from JR Onagawa Station towards the sea in a straight line.

Aiming to achieve this vision, Onagawa Mirai Sozo Co., Ltd., a private enterprise, constructed facilities on municipal land. These facilities were operated and managed through a tenant-based approach. In December 2015, "Silver Pier" opened, followed by "Hama Terasu" in December of the following year.

4-(5) Consolidating and Revitalizing Declining Shops

Prior to the Great East Japan Earthquake, this district was home to a struggling shopping street. The tsunami from the earthquake swept through, causing significant damage and loss to the commercial area.

In the process of planning for commercial recovery, the decision was made to consolidate shops and create a new central hub for the community. This involved bringing together not only the stores but also memorial parks and other facilities, creating a space where people could interact and foster a sense of community.

On March 3, 2017, this vision was realized with the grand opening of the new center. Designed by renowned architect Kengo Kuma, the wooden buildings garnered attention and acclaim, winning several awards for their innovative and appealing design.

4-(6) Shopping Street on the Top of the Embankment

Before the Great East Japan Earthquake, the Yuriage district was characterized by a declining shopping street. The devastating tsunami that followed the earthquake caused widespread destruction, particularly in this area.

In the process of considering commercial recovery, there was a proposal from the Ministry of Land, Infrastructure, Transport, and Tourism. This proposal involved expanding the top of the riverbank's levee and creating a shopping street on its surface.

The completed shopping street opened on April 25, 2019. The area features a spacious waterfront space with a view of the river, creating a new and unprecedented atmosphere in Yuriage. Thc initiative, known as "Kawamachi Terrace Yuriage," has been well-received by the residents and has become a significant attraction, enhancing the appeal of Yuriage.

4-(7) Development Utilizing the Top of the Embankment

The Great East Japan Earthquake had a significant impact on the banks and sandbars of the former Kitakami River. Here, we will introduce the development of the right bank area of the former Kitakami River.

This area has been utilizing the newly constructed levee's surface. Rather than solely utilizing the top of the levee, the development also incorporates the urban side of the levee. Buildings have been designed with entrances and exits accessible from both the urban side roads and the levee's surface.

This multi-level design allows for easy access between the city streets and the levee's top. As a result, a waterfront area along the former Kitakami River has been created, contributing to the establishment of an appealing and charming new district within Ishinomaki City.

4-(8) "Michi no Eki" as a Symbol of Reconstruction

"Michi no Eki" (Roadside Station) has become a symbol of regional recovery as a commercial facility. In the midst of slow progress in the reconstruction of commercial facilities, the opening of a "Michi no Eki" in the area brought a sense of brightness and courage to the community.

Here, we introduce "Michi no Eki Naraha" and the newly established "Michi no Eki Namie," both of which have played unique roles in the community's recovery. "Michi no Eki Naraha" was repurposed as a police station temporarily before being transformed back into a "Michi no Eki." On the other hand, "Michi no Eki Namie" introduces a new style of "Michi no Eki" with incorporated playground equipment and other amenities.

4-(9) "Matsushima" Maintaining It's Scenic Spot as a Tourist Destination

The relatively minimal damage in Matsushima Bay can be attributed to the presence of numerous islands within the bay. These islands acted as natural breakwaters, shielding the area from the direct impact of the tsunami.

As a result, local businesses diligently cleaned away the mud, restored their exterior facades, and on April 29th, they declared a revival and welcomed tourists once again. Subsequent efforts included the improvement of public spaces, but the height of the embankment remains unchanged from its previous state.

5-(1) New City Hall Relocated Inland, Former Site Transformed into a Park

The New Miyako City Hall was constructed near the sea. While there were coastal levees along the shoreline, the massive tsunami caused by the Great East Japan Earthquake surpassed these levees and also struck the city hall. The first and second floors of the city hall were affected, and remnants of washed-away ships can be seen.

The new city hall was built near Miyako Station on the inland side and began operation in October 2018. The site of the old city hall was transformed into Umidori Park, which opened in July 2021.

Miyako Station is connected to both the JR Yamada Line and the Sanriku Railway, making the city hall conveniently located near the station.

5-(2) Former Site Transformed into Greenfield Land, New Municipal Office Utilizes Elementary School

After the earthquake struck, including the mayor, key officials of the town gathered on the second floor to establish a disaster response headquarters. Subsequently, with a tsunami forecasted, some staff members evacuated to the rooftop. However, the tsunami struck the first and second floors of the building, affecting dozens of employees including the mayor, and all the staff members up to the level of section chiefs went missing, leading to the halt of the town's administrative functions.

In Ootsuchi Town, fires also broke out, and the Ootsuchi Elementary School, a reinforced concrete structure located at the foot of Shiroyama, suffered damage and was charred. Fortunately, Ootsuchi Elementary School had not been designated as an evacuation center.

Otosuchi Elementary School was renovated and repurposed to become the New Ootsuchi Town Hall. While there were requests for the preservation of the town hall, it was ultimately dismantled, and the site was developed into a greenfield land, which was completed in June 2019.

5-(3) New City Hall moved to Elevated Inland Area

The Rikuzentakata City Hall directly suffered the impact of the large tsunami due to its location in a low-lying plain. As part of the reconstruction plan, it was decided to construct the new city hall on the site of the Takata Elementary School, which was located about 700 meters inland on the mountainside. While Takata Elementary School was situated in a slightly elevated area, it still experienced damage from the tsunami.

Therefore, the new city hall was built by raising the ground level to the height the tsunami could reach, and it commenced operation in May 2021. The new city hall has more floors and is equipped to function as a secure disaster response headquarters during times of calamity.

5-(4) New Fire Station and Evacuation Center New Gymnasium also moved to Higher Ground

The low-lying areas of Rikuzentakata City directly suffered the impact of a major tsunami. Within these low-lying areas, fire stations and gymnasiums used as evacuation centers were also situated, resulting in direct damage from the tsunami. The fire stations were unable to fulfill their role as disaster response centers, and the gymnasiums used as citizen shelters saw approximately 80 people seeking refuge. However, due to the destruction of walls, only three individuals survived as they were swept away by the tsunami.

In the process of reconstruction, various institutions related to disaster preparedness, including fire-related agencies and evacuation centers, were moved to higher ground. The fire headquarters and fire stations were moved to a location adjacent to the Tochigasawa Apartment in the newly established reconstruction area on higher ground. The gymnasium was transformed into the Yume Arena.

5-(5) From the Miracle of Kamaishi moved to Safe Higher Graound

"Tendenko" became known as a miracle in Kamaishi and gained nationwide recognition. The attitude of mutually trusting and leading the way in evacuating, believing that the other party would also take refuge during disasters, is becoming a common practice in evacuation protocols.

During the Great East Japan Earthquake, the students evacuated to a designated shelter, a group home, and from there, they witnessed the approaching tsunami (bottom-left photo). Just one minute later, an even higher tsunami surged in, and upon seeing this, the students swiftly began evacuating in unison (bottom-right photo).

The students who sensed the danger can be seen evacuating in the respective circumstances.

Subsequently, based on the reconstruction plan, New Unosumai Kindergarten, New Unosumai Elementary School, and New Kamaishi Higashi Junior High School were moved to higher ground (top-right photo).

5-(6) Newly Renovated Stations of Sanriku Railway

The coastal railway along the Sanriku region stretches from Kuji Station to Miyako Station on the Sanriku Railway North Rias Line, from Miyako Station to Kamaishi Station on the JR Yamada Line, and from Kamaishi Station to Sakari Station on the Sanriku Railway South Rias Line. However, both the Sanriku Railway and the JR Yamada Line were heavily affected by the Great East Japan Earthquake and became impassable.

On March 23, 2019, alongside the restoration of the JR Yamada Line between Miyako and Kamaishi Stations, JR handed over operations to the Sanriku Railway. The service was resumed, and the section between Kuji and Sakari Stations was reopened as the Sanriku Railway Rias Line.

Nevertheless, on October 12, 2019, due to the impact of Reiwa Gannen HigashinipponTyphoon, the Sanriku Railway suspended operations on its entire line. The full restoration of service took place on March 20, 2020.

After the Great East Japan Earthquake, 4 new stations were established, and 7 stations were rebuilt. While there are a total of 41 stations, each station has its own unique nickname. Here are a few examples of these stations.

5-(7) New Station and Residential Area moved to Higher Ground

The devastating impact of the Great East Japan Earthquake led to the relocation of both Touna Station and Nobiru Station, which were adjacent to the JR Senseki Line. Alongside these station relocations, residential areas along the coast were also moved to higher ground.

At present, new reconstruction housing areas have been established, and a fresh chapter of life has commenced. Despite being a residential area without many stores, one determined Yakitori (grilled chicken) restaurant “Kachyan” is persevering.

5-(8) Newly Two Entrances on Over-track Station

The Yonomori Station on the Joban Line exuded a sense of melancholy, attracting a significant fan base. It was located in an area difficult-to-return zone due to evacuation constraints, only viewable from the opposite side. In January 2019, as demolition work began, enthusiasts even traveled from Tokyo to capture photographs.

Currently, the station has been replaced by a more convenient bridge station with two entry and exit points, over-tracks station, which has improved accessibility.

5-(9) Kesennumawanjyudankyou

The Kesennumawanjyudankyou is a large-scale infrastructure project that came into existence following the Great East Japan Earthquake. It was the final component of the "Reconstruction Road" project being developed within Miyagi Prefecture. This bridge now connects Kesennuma City to Sendai City and Miyako City in Iwate Prefecture through a high-speed highway, significantly reducing travel time.

Opened in March 2021, marking the conclusion of the 10-year period after the earthquake, its nickname "Kanae Oohashi" was chosen through public submissions. Additionally, the bottom-right photo showcases an overlay of the Kesennumajyudankyou and the Kesennuma-Ooshima Oohashi. The latter's nickname is "Tsurukame Oohashi" (Crane and Turtle Bridge), and it was opened in July 2019.

6-(1) Tsunami Fires

Tsunami-induced fires were indeed a distinctive feature of the Great East Japan Earthquake. Tanks containing heavy oil and other substances, which were located in port areas, were carried away by the tsunami. The spilled oil ignited, leading to a situation where fires were flowing in from the sea. As a result, large-scale fires broke out in various areas. The occurrence of massive fires in the aftermath of a tsunami was an unexpected and unprecedented phenomenon.

6-(2) Overturned Railway

The Sanriku Coast features a Ria-type coastline, renowned for its picturesque beauty, and it has been designated as a national park. To allow people to fully appreciate this beauty, the railway runs along the coast, providing beautiful scenery, and the presence of tunnels offers dramatic shifts in scenery.

However, running close to the sea also made the railway vulnerable to the impact of tsunamis, resulting in significant damage.

6-(3) New Industrial Park

In Fukushima Prefecture, there are many newly established industrial parks following the earthquake. The Fukushima Innovation Coast Concept is a national project aimed at rebuilding the industries of the Hamadori region (15 cities and towns), which were lost due to the Great East Japan Earthquake and the nuclear power plant accident. The goal is to create a new industrial foundation.

The Iwaki Yotsukura Core Industrial Park, initially developed before the earthquake in its 1st phase, underwent a 2nd phase of construction after assessing the situation post-disaster. In total, 21 industrial parks were established in these areas after the earthquake. Alongside the recovery of industries, this effort has contributed to promoting employment in Fukushima Prefecture, which has been significantly affected by the impact of the nuclear power plant accident.

Table2 New Industrial Park

	Name	Municipality
1	Minamisouma Fukou Industrial Park	Minamisouma City
2	Shimoota Industrial Park	
3	Odaka Reconstruction Industrial Complex	
4	Hansaki Industrial Complex	
5	Namiemachi North Industrial Complex	Namiemachi
6	Namiemachi South Industrial Complex	
7	Namiemachi Tanashio Industrial Complex	
8	Namiemachi Fujihashi Industrial Complex	
9	Nakanochiku Reconstruction Industy Base	Futabamachi
10	Ookuma West Industrial Park	Ookumamachi
11	Ookuma Central Industy Base	
12	Tomioka Industrial Complex	Tomiokamachi
13	Hirono Higashimachi Industrial Complex	Hironomachi
14	Hirono Station East Industrial Complex	
15	Katsuomura Industrial Complex	Katsuomura
16	Katsuomura East Industrial Complex	
17	Tanoiri Industrial Park	Kawautimura
18	Tamura City Industrial Complex	Tamura City
19	Tamura East Industrial Complex	
20	Kawamata West Industrial Park	Kawamatmachi
21	Iwaki Yotsukura Core Industrial Park (Phase 2 Construction)	Iwaki City

6-(4) TEPCO Decommissioning Archive Center

Tokyo Electric Power Holdings, Inc. (TEPCO) recognizes its responsibility to preserve the memory and records of the nuclear accident, and to transmit the lessons learned from reflection on this event to both internal and external stakeholders, in order to prevent such accidents from happening again. Visualizing the entirety of the extensive decommissioning project over the long term and transparently communicating its progress is deemed essential for continuing the accumulation of domestic and international knowledge and efforts. TEPCO aims to collaborate with relevant facilities, surrounding communities, and others, to convey the nuclear accident to future generations and contribute to ensuring a sense of security toward recovery.

In November 2018, this effort was embodied with the opening of a facility in Tomiokamachi.

6-(5) Grate East Japan Earthquake and Nuclear Disaster Memorial Museum

The Great East Japan Great Earthquake and Nuclear Disaster Memorial Museum, opened in September 2020 in Futabamachi, aims to collect, preserve, and study the records and lessons from the world's first massive compound disaster, as well as the process of steady recovery, and to pass down and share them with future generations and the world without allowing them to fade away. This endeavor is rooted in the shared feelings of those who experienced the disaster, particularly emphasizing the transmission of the unique nuclear disaster experience that only Fukushima went through.

7-(1) Tourism Hotel turned into a Disaster Ruin

The "Taro Kanko Hotel" stands as a ruin of the disaster and has been preserved and maintained. Among privately-owned facilities that are often dismantled, this is a remarkable case of preservation. It was made possible due to the strong determination of the owner, driven by a profound sense of purpose.

7-(2) Facilities Near the Sea turned into Disaster Ruins

The damage caused by the Great East Japan Earthquake was extensive, and it seems that Rikuzentakata City preserved the most buildings and structures as disaster ruins. Facilities near the sea suffered significant damage, and here, I would like to introduce a few disaster ruins from Rikuzentakata City.

Note that the "Miracle Pine Tree" is now a simulated tree. Also, in the bottom-right photo, only one building of the seaside condominium ruins.

7-(3) Arahama Elementary School transformed into a Disaster Ruin

After the Great East Japan Earthquake, in April, I visited Aranhama Elementary School along the coastline in Sendai City. During that visit, I witnessed the devastating aftermath of the tsunami, with the gymnasium floor covered in sand and debris. However, ultimately, the gymnasium was not preserved as a disaster ruin due to structural challenges.

Currently, the classroom building stands as a disaster ruin, hosting exhibits that convey the situation of the tsunami.

7-(4) Elementary Schools turned into Disaster Ruins

Educational facilities that were affected by disasters are often easier to preserve as disaster ruins. In the case of private facilities, even if there is an initial intention to preserve them after the disaster, practical considerations such as land conditions can lead to the decision to abandon preservation due to difficulties that arise during the process.

On the other hand, educational facilities that were located in flood-prone areas and were affected by the disaster are often reconstructed in safer locations, such as on higher ground. The damaged buildings become obsolete, and without incurring demolition costs, they can be repurposed as disaster ruins, serving as a meaningful reminder of the disaster.

The tragedy of Ookawa Elementary School, where around 70% of the entire student body were either killed or went missing, became a nationwide topic. The Ookawa Earthquake Memorial Hall was established nearby, and visitors continue to come to the site.

7-(5) Husband's Block Construction House protected Wife

The late Miura Kenkichi, Kesen Carpenter, established a company called "Takasago Construction" in Akasaki, Oofunato City, with the intention of building tsunami-resistant house. He focused on constructing cost-effective and robust reinforced concrete block houses, mainly in the Akasaki area. During the Great East Japan Earthquake, his wife, Chikano, was alerted to the incoming tsunami by a phone call from their daughter in Tokyo. She went outside and witnessed the approaching tsunami.

Believing in the strength of the house her husband had built, Chikano evacuated to the second floor. However, the tsunami engulfed the house. Chikano managed to survive by grabbing onto a Nageshi (a horizontal piece of timber) and clinging to it, breathing through a small gap in the ceiling. After the tsunami receded, two surviving cats came to her. She held the cats close to her body for warmth and spent a day and a night in the second floor. The following day, she was rescued by a rescue team.

Amidst the destruction of wooden houses by the tsunami, Miura Kenkichi's concrete block houses remained intact, preventing the loss of their possessions. Chikano often stated that her husband had saved her life.

Later, with the cooperation of the JCBAl(Japan Architectural Concrete Block and Brick Industry Association), a block monument was created, featuring imprints of the disaster's circumstances.

7-(6) Former Nobiru Station transformed into Tsunami Memorial Hall

The former Nobiru Station was severely damaged by the massive tsunami during the Great East Japan Earthquake. As part of the reconstruction efforts, a decision was made to relocate the station to higher ground along with residential areas.

In connection with this relocation, the area around the former station was transformed into the Higashimatsushima City East Japan Earthquake Reconstruction Memorial Park. The existing station building was repurposed as the 3.11 Disaster Recovery Memorial Museum. Additionally, the platforms and railway were designated as earthquake ruins to convey the records of the disaster.

7-(7) Great East Japan Earthquake Memorial Hall

Memorial halls commemorating the Great East Japan Earthquake and its devastating tsunamis have been constructed in various locations. However, these halls are not always named "Memorial Hall"; they might also bear names like "Future Hall" or similar.

Moreover, regardless of whether they are newly built, these facilities can take various forms: they can stand alone, be part of a complex along with other facilities, or even be housed within a room of a community center. As an example of a standalone structure, I would like to introduce the uniquely designed memorial hall in Minamisanrikucho, designed by architect Kengo Kuma.

8-(1) Minamisanrikcho Memorial Park for Disaster

The tragic incident of a female staff member sacrificing her life while calling for evacuation from the approaching tsunami at the Disaster Prevention Office in Minamisanrikucho became a nationwide topic of discussion. There was a debate about whether to preserve the building where this incident occurred.

However, a decision has not yet been reached, and for the past 20 years since the disaster, the building has been under the jurisdiction of the prefecture. Currently, it has been developed into a Minamisanrikucho Memorial Park for Disaster. There is a Hill of Prayers with many Memories.

8-(2) Memorial and Remembrance Facilities in Each Municipalities

The memorial and commemoration facilities for the Great East Japan Earthquake vary in size depending on the scale of the damage and the number of casualties, and they have been constructed in various municipalities. Hcrc, I will introduce relatively small-scale memorial and commemoration facilities.

8-(3) Takatamatsubara Memorial Park for TSUNAMI Disaster

The Takatamatsubara Memorial Park for TSUNAMI Disaster was partially opened and completed by the end of the fiscal year 2020. The long, horizontally-extended building in the foreground is a symbolic structure that integrates the Great East Japan Earthquake Tsunami Memorial Hall and the Michi no Eki Takatamatsubara.

Passing beneath this building, a symbolic axis of prayer in a straight line from the building towards the sea, connecting to a space that faces the ocean.

8-(4) Ishinomaki Minamihama Tsunami Memorial Park

The Ishinomaki Minamihama Tsunami Memorial Park opened at the end of fiscal year 2020 (Reiwa 2). From the Hiyoriyama Park, you can view the entire park facing the sea. However, the growth of newly planted trees and the greenery is something to anticipate in the future. The Artificial Hill and Miyagi East Japan Earthquake Tsunami Memorial Hall can be observed.

The park is divided into areas developed by the national, prefectural, and city governments, and the Memorial Plaza is spacious enough to accommodate ceremonies for up to 3,000 people. From here, a place of prayer continues towards the sea.

8-(5) Fukushima Prefecture Reconstruction Memorial Park

As of August in the 5th year of Reiwa (2023), the Fukushima Prefecture Reconstruction Memorial Park is currently under construction.

Nearby, the East Japan Earthquake and Nuclear Disaster Memorial Hall has already been completed and is open for visitors to explore. The Memorial Park is scheduled for completion by the end of the 5th year of Reiwa, but at this stage, it is still in the earthwork phase, and final completion had been extended final completion until the end of the 7th year of Reiwa (2025).

写真提供 (photography by)

*1) 及川宗夫（岩手県大船渡市）…… P19
Muneo Oikawa (Oofunato City, Iwate Prefecture)

*2) 岩手県 …… P26
Iwate Prefecture

*3) 岩手県 …… P27
Iwate Prefecture

*4) 岩手県 …… P34
Iwate Prefecture

*5) 岩手県大槌町 …… P34
Iwate Prefecture Ootuchicho

*6) 岩手県 …… P35
Iwate Prefecture

*7) 及川和也（大船渡夢商店街協同組合）…… P42
Kazuya Oikawa (Oofunato Yumesyotengai kyodokumiai)

*8) キャッセン大船渡 …… P42
Kyassen Oofunato

*9) タクミ印刷有限会社 …… P43
Takumi Printing Co., Inc.

*10) 坂本正人（南町紫神社前商店街）…… P44
Masato Sakamoto (Minamimachi Murasakijinjyamae Syotengai)

*11) 女川みらい創造株式会社 …… P45
Onagawa Miraisouzou Co., Ltd.

*12) 名取市図書館 …… P47
Natori City Library

*13) 浦山文雄（岩手県釜石市）…… P56
Fumio Urayama (Kamaishi City, Iwate Prefecture)

《著者紹介》

三舩　康道（みふね やすみち） Yasumichi MIFUNE（Dr. Eng.：University of Tokyo）

1949年岩手県生まれ。東京大学大学院工学系研究科博士課程修了・工学博士。技術士（総合技術監理部門・建設部門）、一級建築士、防災士。ジェネスプランニング㈱代表取締役。みなとみらい21地区防災計画の作成、スマトラ島沖地震インド洋津波バンダ・アチェ市復興計画の作成、その他各地の防災関連の業務を行う。

〔委員等〕地域安全学会理事、日本都市計画協会理事、見附市防災アドバイザー、墨田区災害復興支援組織代表、国際連合日中防災法比較検討委員会委員、スマトラ島沖地震インド洋津波バンダ・アチェ市復興特別アドバイザー、東日本大震災の被災地大船渡市の集落への派遣専門家、新潟工科大学教授等を務める。

現在、希望郷いわて文化大使、NPO 法人災害情報センター理事、災害事例研究会代表、東京文化資源会議幹事。

〔著書〕「東日本大震災を超えて!!」近代消防社、「糸魚川市大規模火災と復興へのあゆみ」（共著）近代消防社、「東日本大震災上・下」近代消防社、「東日本大震災から10年」近代消防社、「日本列島震度７の時代到来」近代消防社、「密集市街地整備論」早稲田大学出版部、「東日本大震災を教訓とした新たな共助社会の創造」近代消防社、「減災と市民ネットワーク」学芸出版社、「東日本大震災からの復興覚書」（共著）万来舎、「災害事例に学ぶ！ 21世紀の安全学」（編著）近代消防社、「安全と再生の都市づくり」（共著）学芸出版社、「地域･地区防災まちづくり」オーム社、「まちづくりキーワード事典･第三版」（編著）学芸出版社、「まちづくりの近未来」（編著）学芸出版社など。

東日本大震災がもたらしたこと
Effects Brought by the Great East Japan Earthquake

定価 2,200円
（本体 2,000円＋税10%）

著　者　三舩　康道 ©2023 Yasumichi Mifune
発　行　令和５年11月20日（第一刷）
発行者　近　代　消　防　社
　　　　三ツ井　栄志

発行所

株式会社 近 代 消 防 社

〒105-0021　東京都港区東新橋１丁目１番19号
（ヤクルト本社ビル内）

TEL　（03）5962－8831㈹
FAX　（03）5962－8835
URL　https://www.ff-inc.co.jp
E-mail　kinshou@ff-inc.co.jp
〈振替　00180-6-461　　00180-5-1185〉

印刷製本

創文堂印刷株式会社

ISBN978-4-421-00983-5 C2030〈乱丁・落丁の場合はお取替え致します。〉